NÃO ME ILUDA!

ATÉ ONDE SÃO REAIS AS PROMESSAS DA AUTOAJUDA E DA VIDA PERFEITAMENTE IDEALIZADA?

Copyright © 2017 Gabriel Carneiro Costa
Copyright © 2017 Integrare Editora e Livraria Ltda.

Editores
André Luiz M. Tiba e Luciana Martins Tiba

Coordenação e produção editorial
Estúdio Reis

Preparação
Camila Saccomori
Rafaela Silva J. Reis

Revisão
Pedro Japiassu Reis

Projeto gráfico e diagramação
Gerson Reis

Capa
Q-pix – Estúdio de criação – Renato Sievers

Fotografia de capa e autor
Mauricio Capellari

Dados Internacionais de Catalogação na Publicação (CIP)
Andreia de Almeida CRB-8/7889

Costa, Gabriel Carneiro
  Não me iluda! : até onde são reais as promessas de
autoajuda e da vida perfeitamente idealizada? / Gabriel
Carneiro Costa. - São Paulo : Integrare, 2017.
  208 p.

ISBN: 978-85-8211-084-3

1. Sucesso 2. Autorrealização 3. Atitude (Psicologia) 4.
Felicidade 5. Desilusões 6. Marketing pessoal I. Título

17-1346   CDD 158.1

Índices para catálogo sistemático:
1. Sucesso
2. Autorrealização

Todos os direitos reservados à INTEGRARE EDITORA E LIVRARIA LTDA.
Rua Tabapuã, 1123, 7º andar, conj. 71/74
CEP 04533-014 – São Paulo – SP – Brasil
Tel. (55) (11) 3562-8590
Visite nosso site: www.integrareeditora.com.br

Ⓖ **GABRIEL CARNEIRO COSTA**

NÃO ME ILUDA!

ATÉ ONDE SÃO REAIS AS PROMESSAS DA AUTOAJUDA E DA VIDA PERFEITAMENTE IDEALIZADA?

Integrare
EDITORA

A vida é muito complexa para caber em um único livro ou para ser refletida por um único pensador. Todas as abordagens a seguir são baseadas exclusivamente na observação da minha própria vida e na jornada de dezenas de pessoas que pude acompanhar de perto ao longo do meu trabalho. Ao final, tire você mesmo suas próprias conclusões.

Gabriel Carneiro Costa

"Caminhante, não há caminho. Se faz caminho ao andar."

Antonio Machado
Poeta espanhol

Dedicatória

Dedico este livro a todos os clientes que passaram pelo meu trabalho. Cada um deles deixou algo em mim e me fez acreditar que não há atalhos ou fórmulas mágicas na jornada para sermos pessoas melhores.
Meu muito obrigado a todas estas pessoas que me ajudaram a valorizar o poder da ação, com a consciência de que somos um eterno equilíbrio entre o bem e o mal, o orgulho e a vergonha, a vitória e a derrota.

Em homenagem ao meu filho Eduardo, minha maior fonte de inspiração na busca pela verdade.

Sumário

Dedicatória 9

Prefácio 13

Apresentação 19

Não estou mais lá 23

Observar, questionar, refletir e nem sempre responder . . 29

1 O processo de coaching pode ser perigoso 33

2 Quanto tempo o tempo tem 45

3 "Dez dicas para ser feliz" ou
  "Sete passos para ter riqueza" (?) 49

4 "Você quer, você pode" (?) 55

5 "Pense positivo e terá tudo
  o que quiser" (?) 59

6 A supervalorização do esforço 67

7 "Dinheiro não traz felicidade" (?) 75

8 É difícil ser simples 83

9 Você precisa mesmo disso? 91

Não me iluda!

10 As redes pouco sociais 97

11 Não nos ensinaram a errar. 103

12 O amor sem legendas 107

13 "Dê sempre o seu melhor" (?) 115

14 Viva o agora, porém agora 121

15 Preciso mesmo sair da zona de conforto? 125

16 Vencer ou viver 133

17 Todo mundo quer mudar o mundo 139

18 "Elimine seu ego e seu desejo" (?) 145

19 O limite moral das empresas na
gestão das competências 149

20 Por que esse idiota ganha mais
dinheiro do que eu? 155

21 "Viva todos os dias como se fosse o último" (?) 159

22 Mais vendidos ou mais investidos? 165

23 Ética não pode ser ilusão 171

24 Criança nenhuma merece pais "perfeitos" 179

25 Baixa tolerância à frustração 187

26 Politicamente saudável. 193

27 A incrível história de Ozires. 199

Prefácio

Tínhamos **grande expectativa** naquela apresentação e desde logo cedo estávamos em estado de alerta conferindo slides e maquinando sobre quem falava o quê e quando, na reunião à tarde. Era um cliente importante e o êxito desse plano poderia render muitos outros trabalhos para nós dois. Saímos da reunião meio exaustos, meio pilhados com a excitação da defesa do plano para a marca. A tarde se encerrava ensolarada em São Paulo. Eram quase cinco da tarde e nosso voo de volta era somente às 22 horas. Mas o retorno era pelo aeroporto de Guarulhos e decidimos que era melhor não brincar com essa folga de horário, sendo em São Paulo. E mesmo com cinco horas de antecedência resolvemos pegar logo um táxi rumo ao aeroporto.

Depois de uma hora e meia de conversa no táxi, nos instalamos confortavelmente numa mesinha de bar no aeroporto para relaxar e conversar mais. Falamos da reunião, das possibilidades, das expectativas, dos negócios. Descambamos para o mercado, para os sabores e dissabores da profissão, palestras, livros, (eu já havia lançado *Personal Branding* no ano anterior). E falamos de mercado, de conciliação entre família e carreira e sobre propósitos.

Depois de três horas conversando, um susto ao olhar o relógio e uma maratona desesperada, correndo de uma asa à outra do aeroporto, quando fomos informados que havíamos perdido o voo das 22 horas.

E foi difícil encarar a ideia de que o próximo voo era somente às 5 da manhã. Mas difícil mesmo foi explicar em casa que havíamos chegado com mais de três horas de antecedência e que, assim mesmo, tínhamos perdido o voo. Fazer o quê? Voltamos a conversar. Ficamos filosofando sobre a vida até às 5 da manhã do dia seguinte.

Isso faz uns sete ou oito anos. Eu já conhecia o Gabriel Carneiro Costa há uns dois ou três. Já tínhamos cruzado no mercado publicitário em diferentes situações. Fizemos alguns trabalhos conjuntos e voluntariado em nossa associação. Mas naquele dia acredito que nos conhecemos. E não tenho dúvida que por aquele estranho arranjo do destino, derrubamos barreiras, estreitamos laços e encontramos um sem número de afinidades que nos trazem até aqui.

E se não estamos tão juntos hoje, atribuo primeiro às nossas agendas, mas também à ideia de que amigos não precisam estar juntos todos os dias, desde que saibamos que possamos contar um com o outro. E esse eu acho que é o nosso caso.

Um tempo depois tive a sorte de apresentar o Gabriel à Editora Integrare para o seu primeiro best-seller e depois dele enfileirar três livros de sucesso, estou aqui, honrado em poder escrever este prefácio de *NÃO ME ILU-DA!*. E confesso que foi empatia imediata.

A provocação do título, de cara, já me contagiou, e nada me fez mais motivado do que saber da proposta: uma desconstrução dos atalhos e das fórmulas fáceis da felicidade. Identifiquei-me e aceitei o convite na hora. Isso tinha a minha cara.

Pois nada tem me inquietado tanto nessa catarse social que vivemos hoje do que o estranho paradoxo entre os incontáveis escândalos éticos e morais no mercado que arrastam para a lama políticos e empresários e, do outro lado, o insistente discurso politicamente correto da importância da governança nas empresas e a avalanche de coaches de líderes para assegurar a ética e o compliance nas relações empresariais.

Algo para mim não faz sentido. Ou isso é uma brincadeira de autoilusão. Temos cada vez mais treinadores para o sucesso na carreira e um mar de infelicidade corporativa como nunca tivemos. Temos millennials bajulados por especialistas na mídia como o perfil ideal para as organizações – e por outro lado, empresas desesperadas por não saber como lidar com tanta gente descomprometida e que, de tão mimada, não consegue saber o que quer da vida.

Temos cada vez mais oferta de treinadores de felicidade na vida em videozinhos no YouTube e por outro lado, cada vez mais gente infeliz – conectada e solitária na vida – publicando posts de motivação e mentindo para si mesmo nas redes sociais.

Muitos coaches de sucesso que não são lá bem um sucesso. Muitos coaches de vida precisando de ajuda para

Não me iluda!

resolver a sua própria. E parece que mais treinadores do que treinados. Uma conta que não fecha. Ou tem algo muito errado nisso tudo. E só posso acreditar que seja pelo momento inseguro em que vivemos. Uma época de intolerância, de dificuldade em visualizar o caminho, fragmentada, caótica e com poucas referências para seguir. E que talvez isso nos deixe mais propensos à ilusão desses aprendizes de feiticeiro de YouTube.

O que torna este livro imprescindível é a ideia de refletir sobre o contrário: sobre a não existência de atalhos. Pelo menos de atalhos fáceis. Mas sem a pretensão de mudar sua vida. Somente de, quem sabe, lhe provocar para um olhar diferente sobre o aprendizado e o crescimento – da própria caminhada. Seja ela no terreno que for.

Li os originais de *NÃO ME ILUDA!* numa empreitada só. E nele, por vezes me diverti e, por outras tantas fiquei reflexivo quando me coube a carapuça. Enxerguei-me muitas vezes nas minhas angústias profissionais, na ideia de provar aos outros e obter reconhecimento e, principalmente, na ideia de valorizar mais o esforço do que a conquista em si. E, obviamente me identifiquei muito com a desconstrução das fórmulas mágicas da felicidade com técnicas que vão do tratamento de choque ou da ironia fina (que dói mais) até aquele raciocínio que, de tão lógico, te deixa encurralado para qualquer contra-argumentação mental. Mas tudo isso com um texto prazeroso e uma leveza invejável.

E fiquei muito feliz de encontrar um Gabriel maduro, humano, autocrítico e consciente do seu caminho, das suas escolhas e da sua enorme responsabilidade com seu público. Por isso considero o livro imperdível para todos que, como eu, têm ficado perplexos com os acontecimentos atuais e que se veem com muito mais dúvidas do que certezas na busca desse "sentir-se pleno com a vida". Sou suspeito, mas para mim, é o melhor livro da carreira do Gabriel Carneiro Costa. Aproveite cada página!

Boa leitura.

Arthur Bender

Apresentação

"Os analfabetos do século XXI não são aqueles que não sabem ler ou escrever, e sim aqueles que não aprenderem a desaprender e reaprender".

Alvin Toffler

Um **mundo mais questionador?** Talvez fosse algo que todos devêssemos desejar. Há pessoas que somente seguem caminhos já percorridos, o que não as torna menos importantes. Em contrapartida, para que o mundo siga evoluindo, pessoas que buscam novos rumos são essenciais.

Conheci o Gabriel durante a organização de um evento corporativo no ano de 2014. Contratamos uma palestra para o nosso kick off daquele ano. Fiquei impressionado com o conteúdo. Ideias simples e profundas, comunicadas de uma maneira serena, prendendo a atenção de todos, sem performance exuberante, sem show, simplesmente ao estilo Gabriel Carneiro Costa. Quem disse que é necessário transformar uma palestra num espetáculo para que seja espetacular?

Depois do primeiro trabalho surgiram outros encontros. Conversas intrigantes, eventos e workshops. Em 2015 organizamos o que considero o evento corporativo mais marcante que nossa empresa já realizou. Sob a orientação do Gabriel, as pessoas que lá estiveram compartilharam experiências e emoções especiais, que certamente serão lembradas por muitas vezes ao longo da vida de cada participante.

Nascemos sem convicções. Na medida em que a vida passa, como consequência de nossa educação, vivências e de estímulos externos, as crenças se desenvolvem e se proliferam em nossa mente de forma intrínseca. Paradoxalmente, estamos vivendo um momento único na história do mundo, em que as certezas, convicções, crenças – chame como quiser – envelhecem rápido. *NÃO ME ILUDA!* vem exatamente para nos fazer refletir sobre esse contraponto. Com um olhar absolutamente questionador, sem fórmulas, sem certezas, o autor nos conduz a pensar e deixar que as reflexões vagueiem em nossa mente sobre vários assuntos que dizem respeito ao nosso cotidiano íntimo, social e profissional.

Há várias citações do livro que merecem ser guardadas para reflexão. Algumas simples, outras complexas, mas todas com um conteúdo que mostra em pequenas doses o espírito provocador do Gabriel. Uma das minhas preferidas é "A felicidade não é um direito. A felicidade é um dever". Ser feliz depende muito de se posicionar como um protagonista da vida e não como uma vítima dela. Ser feliz depende de ações, depende do fazer, e o fazer será sempre uma escolha.

"Todo mundo quer mudar o mundo". Esse é o título de um dos meus capítulos favoritos.

Definitivamente o propósito de mudar o mundo está na moda. Diante desse cenário, o autor navega pelo tema com uma forte dose de realidade. Reconhece a importância da disseminação desse desejo, mas nos lembra que antes de tentar mudar o mundo, seria importante "arrumar o quarto" e "pagar as próprias contas". Disserta também sobre propósitos genuínos e escolhas para efetivamente vivê-los.

Já tem algum tempo que aprecio a arte de perguntar. Admiro mais as pessoas que tem as perguntas certas do que aquelas que tem as respostas prontas, pois na sutileza de uma indagação pode estar a centelha para algo extraordinariamente revelador. Como dizem, as respostas estão nas perguntas. Com o tempo, descobri no Gabriel um mestre nessa arte. Seus questionamentos já me ajudaram a clarear caminhos e encontrar respostas. Através deste livro, espero que você se sinta instigado a buscar algumas das suas.

Mantenha a mente aberta e se conecte no espírito daquela canção do Supla, de rock nacional dos anos 1980:

"Querem me obrigar a ser do jeito que eles são
Cheios de certezas e vivendo de ilusão
Mas eu não sou, nem quero ser, igual a quem me diz
Que sendo igual eu posso ser feliz"

Que a leitura de *NÃO ME ILUDA!* o estimule a refletir, e que esse exercício inspire as suas verdades.

Evandro Scariot
CEO Automatech

Não estou mais lá

O ano era **2012,** e eu estava escrevendo meu primeiro livro. Ainda não sabia o que era ser escritor e ainda seguia a "cartilha" de como trabalhar com o comportamento humano. Cinco anos se passaram, e não estou mais lá. A vida anda e aprendi a me permitir mudar de opiniões, questionar modelos, duvidar de mim mesmo, escutar posições opostas. A vida perde muito valor se não estivermos dispostos a evoluir.

O próprio conceito de "vir ao mundo para ser feliz" ainda era presente na minha mente. Porém, hoje tenho um ponto de vista diferente. Toda vez que norteamos a vida pelo fato exclusivo de sermos felizes, corremos o risco de ficarmos individualistas demais, com menos comprometimento, tornando as relações mais rasas e mais frágeis. Afinal, ao primeiro desconforto podemos mudar utilizando,

Não me iluda!

como álibi, o desejo de sermos felizes. Casamentos acabam muito antes de tentarem ser consertados tendo como justificativa o "ser feliz". Dá trabalho se aprofundar em uma relação afetiva. Sociedades acabam sem diálogos na busca por mais felicidade. Pessoas pedem demissão de uma hora para outra porque querem ser felizes. Projetos são abandonados tendo como desculpa que não faziam os envolvidos felizes. Em último grau, existem pessoas que roubam para serem mais felizes.

Ser feliz é um objetivo de vida perigoso. Nos últimos anos preferi guiar minha vida pelo objetivo de ser uma pessoa melhor, evoluir como ser humano. E fiz dessa vontade, a fonte da minha felicidade. Toda vez que pensamos em evolução, outras palavras e conceitos passam a fazer parte do cenário. Ética, responsabilidade social, altruísmo, visão coletiva, coerência, transparência, entre outros tantos termos, se juntam ao objetivo de ser uma pessoa em constante crescimento. Não acredito na evolução fazendo o mal para os outros. Não acredito no "chutar o balde" e no "azar dos outros", quando o foco é ser uma pessoa melhor. A responsabilidade passa a ser do indivíduo para o coletivo.

E essa se tornou a minha busca, o meu objetivo. Sempre tendo clareza de que não serei uma pessoa melhor todos os dias. Minha ferramenta de medição para saber o quanto evoluí não pode ser diária e precisa ter uma escala de tempo maior. Pessoas falham, pessoas se arrependem, pessoas se atrapalham, pessoas se contradizem. Eu, você e todos nós, incluindo aquela pessoa que você tanto admira.

Aceitar essa premissa e aprender a navegar nesse fluxo me permitiu, entre outras tantas coisas, questionar minhas próprias crenças. Nestes anos, fui mudando minha forma de atender aos clientes em processo de mudança. Fui acreditando cada vez mais na minha capacidade de observar e aceitar as intuições. Lidar mais com o fluxo real da vida e buscar menos os conceitos idealizados de vida perfeita. Aliás, nunca foi tão difícil viver a vida idealizada. Penso, embora não possa garantir, que antigamente era mais fácil buscar a vida ideal.

Gerações anteriores escolhiam a profissão aos dezessete anos e trabalhavam nela o resto das suas vidas, sem questionar se eram ou não felizes naquilo. Casavam aos vinte anos e não cogitavam sobre o divórcio. Tinham filhos aos vinte e cinco e não havia a cobrança de serem superpais. Compravam uma casa aos trinta, e uma casa bastava. Faziam uma viagem grande aos quarenta, que serviria como a viagem da vida. Tinham netos aos cinquenta, tendo muito tempo para eles.

Aposentavam-se aos sessenta e aceitavam a vida com um par de chinelos, café e jornal. Morriam aos setenta tendo cumprido o roteiro de vida. Ok, posso estar exagerando. Mas, provavelmente, a linha de tempo dos seus avós não era muito diferente disso. Era mais fácil seguir o caminho e ter a sensação de papel cumprido.

E hoje? Hoje me parece muito mais complexo. A vida idealizada exige muito mais de nós. Temos que escolher a profissão aos quinze – e ela precisa ser "da moda" –, gerar visibilidade, dar muito dinheiro, ser satisfatória o tempo todo e ainda ter o propósito de fazer um mundo melhor. Precisamos encontrar o amor da nossa vida cedo, com essa pessoa viver intensamente, a vida sexual ser fantástica e jurar amor eterno em alguma capa de revista em uma ilha

Não me iluda!

cheia de flores, mesmo que tudo isso desmorone no mês seguinte. Aos vinte e cinco, já precisamos falar no mínimo duas línguas, termos nos formado em um lugar reconhecido e feito uma pós-graduação e um MBA em outro país.

Antes dos trinta, já temos que ter viajado o mundo, ter escrito um blog cheio de selfies sobre todos os lugares que fomos e, em paralelo, já termos nos tornado diretores de alguma empresa, nem que seja de uma startup de um funcionário só. Isso sem esquecer que precisamos cuidar da alimentação, saber cozinhar pratos gourmet e praticar muitos exercícios físicos para cultivar um corpo sadio e sexy. Se os filhos já tiverem chegado, ainda precisamos encontrar tempo para sermos pais presentes, sermos ativos na escola e conseguirmos educar as crianças para se destacar em tudo o que fizerem. Temos que vestir roupas de marca, trocar de carro, de celular, de notebook, de casa e de tudo mais, afinal precisamos sempre ter o que há de mais moderno. E sem esquecermos de pensar na velhice e guardarmos dinheiro.

Somos individualistas ao extremo, autocentrados e competitivos. Vivemos as primeiras gerações que fazem terapia desde a infância. Somos os primeiros filhos (em grande volume) da geração dos pais que se divorciaram para serem mais felizes, e hoje nós idealizamos ter casamentos perfeitos. **O emprego fixo virou acomodação, na crença de que seremos melhores se experimentarmos o maior número de trabalhos.** Nós acabamos reféns dos salários, pois nos tornamos consumistas muito além do necessário.

Tomamos todos os tipos de remédios. As farmácias das esquinas vendem a paz, a felicidade, a sabedoria. Somos da geração que viu um antidepressivo anunciar ser a "pílula da felicidade".

Sério que isso tudo é mesmo possível? A vida idealizada é diferente da vida possível. Menos nas redes sociais. Lá, a maioria das pessoas exibe aquele pedaço quase perfeito das suas próprias vidas. Os casamentos não têm brigas, os filhos são obedientes, ninguém está apertado de dinheiro, os negócios não passam por crises e ninguém tem dias de profunda tristeza, angústia ou decepção.

Mas, novamente, essa não me parece ser a vida real. O problema da vida perfeitamente idealizada é que nutrimos uma constante frustração toda vez que comparamos quem somos com quem nós idealizamos ser. É um lugar nunca alcançado. Frequentemente nos vemos colecionando a sensação de que estamos em dívida com nossos próprios sonhos. Estamos cansados de tanto correr atrás da vida que dizem ser alcançável e nos sentimos inferiores ao valorizarmos a vida que até aqui foi possível.

Não estou abordando este tema a partir de um ponto de acomodação. Ficará claro ao longo deste livro, o quanto acredito e estimulo a capacidade de agir e mover-se em prol daquilo que pretendemos alcançar. Mas também aprendi o valor de reconhecer o quanto já foi percorrido e o quanto já aprendemos. Entender a ideia de que, ao pensarmos no nosso futuro, é mais importante focar nas ações possíveis, do que nas ações ideais.

Foi ampliando essa consciência, na busca pela leitura mais autêntica possível da minha própria vida e da vida dos meus clientes, que me deparei com a realidade de que muitas mensagens que eu mesmo usei como norteadoras e motivadoras da minha jornada, precisavam ser revistas em nome do meu próprio bem-estar, aceitação e reconhecimento. Neste sentido, minhas críticas e provocações não se dirigem a nenhum mensageiro em específico, independentemente se forem coaches, psicólogos, filósofos, sociólogos ou meramente observadores do comportamento humano. Meus maiores questionamentos não estão nos mensageiros, mas sim nas mensagens.

Escutar as mensagens e perceber que os entendimentos são individuais. **Compreender que existe uma linha tênue entre a mensagem que motiva e outra que ilude, apresentando uma vida mais idealizada do que possível.** A ideia do "não me iluda" surgiu nessa busca de fugir da mensagem afirmativa. Hoje me baseio muito mais nos processos que já eram utilizados pelos grandes filósofos da nossa história, uma metodologia baseada na pergunta e na reflexão. Não acredito em resposta que possa definir a humanidade. Portanto, meu interesse é fugir das armadilhas, ou atalhos que iludem, e clarear as reflexões. Sobre as fórmulas, que cada um encontre as suas.

Observar, questionar, refletir e nem sempre responder

Nem todas as perguntas precisam ser respondidas. Por que vivemos essa condição social de que precisamos ter resposta para tudo? Hoje, quando alguém me diz "não vou responder agora, me dê uns dias para pensar", passo a levar muito mais a sério a resposta que será dada. Na nossa cultura da escassez do tempo, estamos deixando de valorizar a reflexão. Uma pessoa parada, pensando, muitas vezes será vista e julgada como não sendo útil.

Remar se tornou mais importante do que parar para observar a maré. Mesmo que isso me leve a remar no

Não me iluda!

sentido contrário e, no final, não ter saído do lugar. Pelo menos estar remando é estar fazendo algo. Observar e refletir é descanso. E não podemos mais descansar. Por outro lado, vejo movimentos de meditação e mindfulness cada vez sendo mais procurados. São técnicas opostas da vida corrida que nos colocamos. É a busca pela ausência do pensamento. Foco na respiração, no equilíbrio e na paz interior. Mas, entre esses dois mundos, não existe algo no meio? Particularmente, gosto da pressa e sei trabalhar no ritmo acelerado. Mas não quero me fixar nisso. Também sou um praticante de atividades que levam ao equilíbrio, ao silêncio e à desaceleração interna. E também não quero ficar fixo nisso. Entre essas duas opções, algo ainda me falta. Na primeira, eu produzo. Na segunda, aumento minha energia e me acalmo. Mas em nenhuma delas eu reflito sobre a minha vida de forma profunda.

Talvez haja quem consiga, mas eu nunca fui capaz de realmente me aprofundar nos meus grandes dilemas, sem a prática de me fazer perguntas. Seja eu mesmo me questionando, seja alguém externo a mim lançando perguntas quase inquietantes. Tenho aprendido a usar meu equilíbrio interno para deixar as perguntas entrarem sem a pressa de concluí-las. Nem todas as perguntas precisam ser respondidas.

Muitas vezes percebo que, ao mantermos uma pergunta em nossas mentes, a própria resposta vai se alterando com o passar do tempo. A cada dia surge algo que completa – ou até mesmo que contradiz –, aquilo que eu havia respondido mentalmente no dia anterior. Encaro a resposta apenas como um fluxo que é alimentado pela pergunta. A pergunta é o caminho, mas a resposta não é o destino. A resposta é apenas o passo dado hoje. Isso me deixa livre para questionar as mesmas coisas por quanto tempo me fizer bem. Não tenho obrigação com ninguém quando navego nessas reflexões.

Toda vez que me considerei convicto sobre algum assunto, não me permiti que algo novo surgisse. E aprendi que ter opinião não é sinônimo de ter convicção. Aliás, no assunto comportamento humano, eu não tenho hoje convicção de nada, embora tenha muitas opiniões para compartilhar. Me interesso menos por pessoas de convicções fortes, pois qualquer conversa com elas será apenas para me convencerem de algo, e não para debatermos. Pessoas convictas não querem mais refletir. Não precisam mais questionar. Afinal, já estão convictas.

Conhece pessoas assim? Espero que tenha dito que sim. E mais: espero que tenha lembrado de si mesmo. Em algum momento, todos estamos convictos de que estamos certos. Isso nos dá a sensação de segurança, de controle, de previsibilidade. Todo mentor, professor e guru precisa ter suas convicções para gerar confiança naqueles que lhe seguem. Eu, enquanto escrevo, preciso estar convicto de que esta mensagem fará os leitores refletirem. Portanto, quando me refiro a pessoas convictas, estou me referindo a um traço de comportamento presente em todos nós. E quando digo para abandonarmos nossas convicções, não me refiro a todos os assuntos da nossa vida.

A minha escolha de trocar as certezas pelas reflexões ocorrem no momento em que sinto algum desconforto em mim. Quando quero algo que não estou conseguindo. Quando percebo que certas coisas não estão me fazendo evoluir, ou mesmo, me causando bem-estar. Esse é o momento em que escolho colocar fora a falsa bengala da certeza e migrar para um mundo imensamente maior da dúvida.

Esquecer a cobrança de responder e me entregar para refletir sobre a pergunta. É nesse espírito que escrevo este livro. Páginas dedicadas ao benefício da dúvida. Quero, sim, lhe fazer este convite para questionar o que está sendo dito sobre sucesso, dinheiro, fama, atitude, propósito e felicidade.

Este livro é questionador. Mas é o leitor que, somente individualmente, chegará às conclusões pertinentes à sua vida. A reflexão é individual. Esse é um direito que ninguém consegue nos tirar: a possibilidade de refletir.

Como escritor, meu foco não está exatamente nas conclusões que você fará a partir deste livro (embora isso obviamente também tenha valor para mim). Mas qualquer uma delas que você venha a me contar estará me falando muito mais sobre você, do que sobre o assunto abordado em si. O que você me disser sobre dinheiro me fará entender muito mais quem você é, do que o significado do dinheiro em si. Sendo assim, meu maior convite é mesmo que você possa se entregar para a observação, o questionamento e a reflexão. E, se algum dia nos cruzarmos, as coisas que este livro lhe provocou a pensar, vão me interessar muito mais do que as conclusões que ele possa ter lhe permitido.

1

O processo de coaching pode ser perigoso

Minha **carreira pública** começou com o trabalho de coaching. Fui o primeiro autor brasileiro a escrever um livro de casos reais de processos de coaching de vida. Naveguei em uma espécie de onda que surgiu em torno dessa profissão e, durante muito tempo, minhas palestras e entrevistas na imprensa eram focadas em explicar as funções de um coach, as técnicas e os resultados esperados.

Mas, assim como pude ver todo o crescimento desse mercado, infelizmente também pude acompanhar o rumo que tomou. As formações que inicialmente eram

Não me iluda!

de muitas horas e exigiam estágio comprovado, através de entrevistas com os clientes, passaram a ser de poucas horas, sem nenhum tipo de avaliação. Na verdade, a formação de coaching nunca foi longa, pois a ideia original, acredito, nunca foi criar uma onda de novos profissionais, e sim de novas ferramentas. Mesmo assim, vivenciei uma época em que havia poucas escolas de formação, e estas eram realmente muito mais sérias. Os professores assistiam às sessões de coaching dos alunos, havia provas no final sobre as teorias e as ferramentas e, principalmente, era necessário comprovar horas de atendimento qualificado – com aprovação do cliente – para poder sair se intitulando coach.

Não havia a falsa promessa de que tínhamos encontrado a profissão que mudaria o mundo e nos deixaria ricos. O foco era no cliente, e não no ego do coach, como uma espécie de super-homem dos tempos modernos. Surgiram no mercado dezenas de especificações de coach. Nada contra alguma pessoa em específico, mas confesso que me chama a atenção quando vejo coach para emagrecimento, coach para grávidas, coach sexual, coach para idosos. Uma hora vai surgir o coach para leitores de livros. Prepare-se! A própria expressão "coach de vida" (que por muitos anos utilizei) agora já questiono. Fica uma confusão para o cliente.

Um dos momentos que me marcou, foi quando descobri que existia o "coach dos coaches". O mercado ruiu. Toda e qualquer pessoa, independentemente de sua formação e experiência, estava virando coach. A profissão não é regulamentada, e isso permitiu que muitas pessoas, sem a menor habilidade interpessoal, se tornassem especialistas em ajudar os outros. **E, por fim, havia ficado mais fácil ganhar dinheiro dando formação de coaching do que atuando como tal.**

Como pode alguém dar formação nessa área sem, ao menos, ter feito alguns atendimentos? Graças ao meu empenho e à séria dedicação ao assunto, eu sou um coach com agenda lotada e clientes em fila de espera. Mesmo assim, não me sinto capacitado para ensinar aos outros como devem atender. Isso é muito mais profundo do que ajudar um cliente, isoladamente, a resolver ou aprimorar alguma questão pessoal. Pelo menos deveria ser.

Estive em eventos com centenas de pessoas batendo palmas, pulando das cadeiras, dando gritos de guerra. Corriam sobre as brasas e se abraçavam falando frases, quase mantras, dos seus superpoderes para mudar a vida dos outros. Mas o que me chamava a atenção era o fato de que ali, naquele grupo, poucos, pouquíssimos, haviam conseguido arrumar as suas próprias vidas. Mais raros ainda eram aqueles que possuíam um histórico de clientes que tivessem completado com sucesso o processo de coaching.

Hoje, olhando para trás, penso que um dos motivos do sucesso do meu primeiro livro *O Encantador de Pessoas* (2013), foi justamente porque não segui a linha de escrever um livro para dizer como as pessoas deveriam viver, e sim, compartilhei diversos casos reais de clientes que se dedicaram, profundamente, a realizar uma mudança em suas vidas. Na época era – e ainda é –, raro ver coaches falando dos seus atendimentos. A maioria quer apenas dar as receitas e as fórmulas para a vida abundante em tudo aquilo que todos nós desejamos.

Conheci o coaching por volta do ano de 2004, en-

Não me iluda!

quanto fazia um curso de pós-graduação em Psicologia na área de Análise Transacional. Uma das professoras era, na época, a maior referência do assunto no Brasil (até porque dava para contar nos dedos o número de profissionais que recebiam esse título). Quase não havia livros sobre o assunto, mas me parecia encantador pela sua objetividade. O coaching me foi apresentado como uma ferramenta extra para os trabalhos ligados ao comportamento humano. Anos depois, fiz uma formação específica em uma entidade do Brasil e um curso com outra, de Portugal. Não sei se foi porque minhas formações foram anteriores a essa explosão comercial, mas meus estudos do processo de coaching nunca tiveram uma conotação tão forte no aspecto motivacional. Conheci diversas ferramentas ótimas, das quais, muitas delas, ainda utilizo até hoje. Gosto muito do princípio de que o processo de coaching é fazer perguntas, orientar um plano de ação e trabalhar com foco no presente e futuro. **Mas não gosto quando vejo promessas do coaching como a única forma de autodesenvolvimento ou, pior ainda, o único caminho para se tornar uma pessoa de sucesso.**

Quando penso na psicologia tradicional, como pode alguém que fez uma formação de 20 horas saber mais do que alguém que estudou por, no mínimo, cinco anos? É assustador ver coaches querendo ocupar lugar de psicólogos, filósofos, historiadores, psiquiatras. Para falar a verdade, hoje acredito que coach nem mesmo deveria ser uma profissão, e sim, apenas uma formação complementar. Por exemplo, há pessoas formadas em Administração de Empresas, com ênfase em Marketing. Isso seria mais justo e coerente. Uma formação em alguma área das ciências humanas, com ênfase em Coaching. Mas nada foi regulamentado. Infelizmente, qualquer um pode se dizer um coach.

Para falar a verdade, não precisa nem mesmo de formação. Basta você achar que tem condições para isso. Você pode, por exemplo, resolver dizer que é coach para pais, pois agora você tem filhos, e todos os seus amigos que leem as suas dicas e percepções são agora seus clientes. Sabe o que vai acontecer? Nada. Ninguém pode impedir isso. Mas, se você enfeitar um pouco mais, uma coisa vai acontecer: você vai ganhar algum cliente disposto a comprar a sua fórmula de como ser um bom pai ou mãe. Mas isso está longe, muito longe, do que seria realmente o processo de coaching. Na realidade, me enjoa ver as coisas dessa forma. Os desesperados questionam pouco. Contratam apenas por alguma imagem que se formou em suas mentes. Se é verdade e se funciona, já é outro aspecto, nem sempre pesquisado.

E, infelizmente, não me parece uma distorção somente no Brasil. Por aqui eu não tenho a menor dúvida – e posso dizer com muita propriedade – que a profissão de coach seguiu um caminho distorcido. Mas minha pequena experiência na Europa, seja como estudante, como palestrante ou como pesquisador, mostrou que o coach também começa a ser questionado lá fora. Talvez a grande diferença é que lá ainda não tenha ocorrido uma explosão de escolas de formação com essa promessa de que ser coach é ficar rico, famoso e ainda, de quebra, melhorar a vida de centenas de pessoas. Talvez ainda não tenha se consolidado.

Não me iluda! Quando vejo uma chamada do tipo "sou coach e vou mudar o mundo", traduzo isso de outra forma. Para mim há uma mensagem, quase subliminar, de

Não me iluda!

uma promessa de uma profissão superpoderosa. Depois de estar anos neste meio, posso afirmar: coach não tem nenhum poder paranormal. Não somos capazes de mudar as pessoas somente porque nós queremos – e não, não temos como mudar o mundo inteiro.

Outra coisa que me chama a atenção é quando uma pessoa ensina aquilo que ela mesma nunca investiu tempo e dinheiro para aprender e colocar em prática. Isso não é uma regra, mas uma constatação que sempre me deixa pensativo. Um psicólogo que nunca fez terapia? Um nutricionista que nunca seguiu um plano nutricional? Um cardiologista que nunca investigou seu próprio coração? E como ficam os coaches que nunca fizeram coaching? Embora eu saiba que esse tipo de situação ocorre em todas as profissões, me sinto um pouco inquieto quando vejo isso na área comportamental.

Faço terapia há quinze anos e fiz o processo de coaching por duas vezes, com profissionais diferentes. Sei qual é o sentimento quando somos questionados, confrontados, acolhidos, escutados. Aprendi a reconhecer a dificuldade que podemos ter para nos abrirmos a alguém ou, até mesmo, a ganharmos consciência sobre um assunto ao qual temos resistência. Além de ter tido experiência sendo cliente de coaches e psicólogos, eu também conheci religiões, me relacionei com mestres espirituais e participei de muitos eventos com gurus de assuntos relacionados aos dilemas da vida. E, de prático, tenho somente uma única certeza: não há certezas na vida! Não existe caminho que possa prometer a salvação. Não há técnica que possa mudar alguém que não esteja disposto a se mudar. E não existe processo rápido para algum desejo profundo.

Se você, leitor, pretende fazer uma sessão de coaching comigo na esperança de que eu mude a sua vida, lamento lhe informar, mas não vou. Não posso lhe prometer uma nova vida em quinze sessões. Não posso lhe garantir sucesso e felicidade. Não posso sequer lhe prometer que você não questionará se valeu a pena investir seu tempo comigo. O que posso lhe oferecer é a minha atenção, meus estudos e meu desejo de poder lhe ajudar a caminhar. E essa é a promessa mais sincera que posso lhe fazer.

Mas por que disse no título deste capítulo que o processo de coaching pode ser perigoso? Simples: quando a promessa é salvadora, a chance maior é que o consumidor seja aquele que está à espera de ser salvo. E é grande o risco dos coaches se sentirem pessoas superiores e tratarem seus clientes como se estivessem em uma posição inferior.

Coach não é guru.

Coach não sabe todas as respostas.

Coach não é alguém que vai lhe ajudar a caminhar sobre as águas.

Coach é um apoio. Talvez em algum momento um apoio muito importante. Mas, um apoio. Um profissional com ferramentas e um olhar para te ajudar a ter consciência da sua própria jornada. O resto é ego, marketing, imagem, projeção, fantasia etc.

Também conheci muitos profissionais extremamente qualificados neste segmento e que estavam tão, ou mais incomodados do que eu, com o rumo que este mercado tomou. Porém, infelizmente, sempre me pareceram minorias nos meios em que circulei ao longo da jornada de trabalhar com desenvolvimento de pessoas.

Todo processo de mudança que não venha verdadei-

Não me iluda!

ramente de dentro, costuma não se sustentar. E, pelo menos na minha formação, nunca foi papel do coach moldar o cliente para viver da forma como o profissional acredita que ele deva viver. Percebi muita gente se tornando aquilo que seus coaches queriam que eles se tornassem. Muita gente vibrando na energia motivacional dos seus coaches até o minuto seguinte onde se deparavam com os medos, as frustrações e as decepções da vida real. Muita gente se sentindo segura por causa de uma mensagem, e não pela própria experiência.

Provocado por um amigo, em determinado ponto da minha carreira, resolvi contabilizar o percentual de clientes que haviam encerrado o processo comigo de uma forma assertiva. Utilizei como conceito de que "assertivo" é quando o cliente chega no lugar que ele dizia, no início do processo, que gostaria de chegar. Ao calcular, descobri que apenas 35% dos clientes chegavam a esse ponto. Era um número muito mais baixo do que os impressionantes números que esse mercado gostava de estampar nas capas de revistas e redes sociais. O estranho é que eu seguia com agenda lotada e clientes em fila de espera. Não exponho o fato para me gabar ou algo do gênero. Minha intenção é simplesmente mostrar que muitos processos podem ser úteis na jornada de qualquer pessoa, sem terem essa associação direta com as metas e os indicadores de performance. Não atingir uma meta nem sempre significa fracassar.

Além disso, também tive alguns clientes que voltaram ao meu escritório alguns anos depois de terem encerrado seus processos comigo. Muitos deles estavam naquela estatística dos 35%, mas compartilhavam comigo como suas vidas haviam continuado após o término do processo.

Alguns deles estavam me procurando apenas por estarem diante de novos desafios, outros porque tinham percebido que as metas alcançadas não foram garantia de felicidade, ou ainda aqueles que tinham pago um preço tão alto para atingir suas metas que agora precisavam de ajuda para ajustarem a vida.

Lembro de um cliente que, anos antes, havia feito o processo comigo focado no seu desenvolvimento profissional e no crescimento da sua empresa. Diversas vezes, eu o conduzi a refletir sobre possíveis perdas e renúncias que poderiam ser necessárias para que seu plano desse certo. Ele estava disposto a encarar tais desafios. Meses depois, nosso trabalho de coaching encerrou diante da possibilidade real de venda do seu negócio. Como todo processo de venda, isso exige muita dedicação e costuma ser algo com alto risco de distração de outros tantos assuntos relevantes. Juntos decidimos que ele havia chegado a um ponto muito importante (e desejado) e que agora precisava de outro tipo de ajuda.

Dois anos depois, ele voltou a me procurar. A empresa ainda não tinha sido vendida, e a negociação seguia em andamento. Mas agora o casamento dele estava de mal a pior. Naquele intervalo de tempo, a dedicação dele ao trabalho tinha sido tão grande que ele havia se afastado demais da parceira. Retomou o processo comigo justamente para tentar encontrar uma forma de equilibrar todos os aspectos da vida.

Nenhum cliente que passou pelo meu trabalho se tornou feliz para sempre. Nenhum cliente se tornou um vencedor eterno. E nenhum cliente escapou da trágica realidade de um dia voltar a tropeçar.

Não me iluda!

Mas são clientes como esses que me fazem refletir o quanto as promessas de certos profissionais do coaching podem ser perigosas. A vida é muito mais ampla e sistêmica. As demandas e as jornadas de tantas pessoas que pude acompanhar me comprovaram que as coisas são muito mais complexas do que ferramentas isoladas. **Nada, absolutamente nada, parece-me mais eficaz do que cada um caminhar os próprios passos.** Coach é um companheiro de viagem, mas não é a viagem em si.

Também recebi a procura de clientes antigos que não estavam no "grupo dos clientes com final assertivo" e que estavam voltando, pois tinham ficado tão decepcionados consigo mesmos que, naquele momento, estavam dispostos a "tentar" novamente. Todos esses relatos me motivaram a fazer um profundo olhar sobre o ser humano, seus desejos, suas jornadas e onde verdadeiramente o processo de coaching pode atuar.

Aqui do meu lugar, ainda como um coach, convido você a não delegar sua felicidade para nenhum profissional. Não acredite na fórmula mágica. E não caia na ilusão de que os coaches são pessoas de alta performance todos os dias. Aliás, há dias em que dá uma preguiça de ir para o escritório atender! Ops, não poderia dizer isso publicamente. Coaches não sentem preguiça. Há dias em que dá um medo que o cliente não esteja gostando! Ops, não poderia dizer isso também. Coaches não sentem medo. Há dias em que eu não faço a menor ideia do que posso dizer a um cliente! Ops, não poderia dizer isso novamente. Coaches sabem tudo.

Não me iluda!

No meu ponto de vista, o que realmente um bom

coach pode lhe prometer? Ferramentas para ampliação de consciência e elaboração de um plano de ação, foco no presente e olhar no futuro, vontade de ver o coachee (nome pelo qual o cliente é chamado) dando seus próprios passos rumo àquilo que deseja, uma boa habilidade de escuta e observação e uma grande capacidade de fazer perguntas que oriente o enfrentamento dos próprios medos e das dúvidas. E as demais promessas? Bem, assim como as promessas que descrevi acima, cabe a você acreditar ou não.

2

Quanto tempo o tempo tem

Dizem que o tempo acerta tudo. Não concordo. O tempo acerta muita coisa, mas não tudo. A grande questão é a perda que se tem enquanto se aguarda o tempo consertar as coisas. Fico intrigado cada vez que escuto que o tempo pode arrumar a briga entre duas pessoas. E até lá? E os acontecimentos que se perderam nesse tempo? Deixar que o tempo resolva os problemas me parece delegar a uma espécie de "senhor do destino", tirando-nos a possibilidade de sermos agentes e fazermos algo efetivo com relação àquilo que queremos solucionar.

Sem pressa e sem perder tempo: entre esses dois polos está a nossa capacidade de agir de forma coerente e equilibrada. É uma linha tênue, difícil de ser medida. Não cabe em fórmulas. Mas alguns sinais são mais fáceis de serem distinguidos. O nível de ansiedade e as desculpas que as pessoas contam a respeito de seus dilemas apresentam um pouco desse equilíbrio – ou da falta dele – entre a pressa e a perda de tempo.

Nada acerta tudo.

Parece redundante, ou até mesmo mal escrito, mas é isso mesmo. Nenhuma palavra cabe antes da frase "acerta tudo", pois isso seria uma ilusão. Mesmo assim, ainda sigo acreditando que as nossas ações são o que têm maior potencial de acertar as coisas.

Quando planejamos as ações, a questão "tempo" volta a estar presente. Neste caso, a falta de tempo. Vivemos em uma época na qual o tempo se tornou escasso. Tenho a sensação de que hoje em dia a felicidade passa a ter uma forte relação com o tempo livre e, principalmente, com aquilo que fazemos com ele. O tempo virou uma das nossas principais moedas, que se supervaloriza a cada dia que passa. Uma moeda que muita gente quer comprar, sem se dar conta de que talvez bastasse deixar de vender.

A própria noção de tempo livre se alterou nos últimos séculos. Há muitos anos, ficar sem fazer nada aparentemente só usufruindo do tempo livre, não era visto como algo necessariamente ruim. Muitos pensadores ficavam em lugares públicos sozinhos, refletindo sobre a vida, e isso era visto como nobre. Hoje, se alguém me vê parado em um parque refletindo sobre a minha jornada, ou a de algum cliente, provavelmente vai me julgar como um desocupado, ou vagabundo. Fomos nós mesmos que criamos o conceito de que só somos úteis se estivermos produzindo. A prova disso se refere inclusive ao termo "dia útil". Final de semana e feriados são inúteis? Em uma geração que mede o valor das vitórias pelo valor do esforço, usufruir do tempo não é nenhuma nobreza.

Já tive muitos clientes (muitos mesmo) que desabafaram que pagariam um dinheiro muito alto para voltarem a ter a vida com mais tempo livre. Todo ser humano, em algum momento, gosta da ideia de não fazer nada. O que temos para fazer hoje? Nada. Bom, não é? Então por que isso seria perda de tempo? Conheço muita gente ocupada demais que está perdendo muito tempo. E nós não podemos gerir o tempo. Não temos como comprar, vender, emprestar, alugar. O tempo é o que temos e ponto final. A questão é como vamos ocupá-lo. O tempo seguirá passando, independentemente do que vamos escolher fazer com ele.

Quanto tempo o tempo tem? Se isso fosse uma pergunta a ser feita para as pessoas, o que você responderia? Pois não se trata do conceito amplo do que é o tempo, mas sim do "seu" tempo. A nossa vida pode ser dividida em décadas, anos, meses, dias, horas, minutos, segundos... Mas ainda assim é a nossa vida e, portanto, o nosso tempo. Vamos acumulando tarefas, papéis e expectativas que vão, quase imperceptivelmente, ocupando nossos espaços de tempo. Carreira, casamento, saúde, família, amigos. Tudo isso exige tempo. E quanto tempo o seu tempo tem? Não existe uma fórmula matemática para definir esses tempos. Qual o tempo possível que temos hoje para esses assuntos? Não se trata do tempo ideal, mas do tempo possível. O possível não é suficiente? O que podemos fazer para alterar isso? E assim vamos ocupando o nosso tempo. Vivendo de forma a equilibrar todos esses desejos, valores e necessidades.

Isso me parece mais coerente quando leio algo que

me convide a valorizar o meu tempo, a consciência do que faço com ele. Por outro lado, por que perdemos tanto tempo com distrações? As redes sociais são a maior prova disso. Nunca foi tão fácil perder tempo como hoje em dia. Na busca por querermos fazer tudo, não fazemos nada. Fico com a sensação de que todos nós ocupamos o tempo com muita coisa desnecessária. **Talvez o foco maior esteja na capacidade de escolher como utilizar o nosso tempo, do que na falta dele em si.**

Também há muita gente dizendo que são, de fato, muito ocupadas. Dizem não se distraírem e gostam de medir os outros – e também são medidas – pela sua capacidade de produção. Parecem máquinas. Somente as máquinas não sentem cansaço e preguiça. E máquinas não pensam no futuro. Não ficam refletindo sobre o que farão com o tempo livre que terão mais tarde. Aliás, até onde se sabe, apenas o ser humano tem essa capacidade. Nenhum animal planeja o que vai fazer para aproveitar aquele feriado que se aproxima. Ou seja, a coisa é tão complexa que nós gastamos tempo pensando em como vamos utilizar o nosso tempo.

Por estes e outros motivos o tempo é, e seguirá sendo, subjetivo. O tempo para quem está diante da morte é muito diferente de quem está em um momento de felicidade. Na medição clássica, o tempo é o mesmo. Na experiência de usufruir, é completamente diferente. Portanto, o tempo me parece algo pessoal, intransferível e irrevogável. Seja lá qual for a sua fórmula para ser feliz, colocar o fator tempo pode ser interessante.

Invista um tempo e pense nisso. Ou não.

3

"Dez dicas para ser feliz" ou "Sete passos para ter riqueza" (?)

Sempre me questiono quando leio esse tipo de chamada: "Dicas para ser feliz". Geralmente, só garantem a felicidade para as pessoas que as criaram, e olhe lá. E os "passos para a riqueza" normalmente trazem junto um convite para comprar o livro, assistir aos vídeos e às palestras e realizar os workshops do mensageiro, garantindo assim riqueza para ele. E não vejo mal algum nisso. Esse é o negócio do tal mensageiro. Eu mesmo tenho como fonte de renda minhas palestras, meus cursos e meus livros, então pode até parecer estranho vir de mim esse tipo de crítica. Mas quem seria melhor para questionar a minha própria mensagem do que eu mesmo?

Não me iluda!

É preciso entender que esses passos e essas dicas funcionam – ou funcionaram – para os seus criadores por uma lógica muito simples: **a vida é complexa demais para um número determinado de recomendações.**

Nesse sentido, me tornei um crítico das mensagens que estão carregadas de promessas sem muita reflexão pessoal. "Aprenda a ficar rico", "mude sua vida em um final de semana", "faça isso e terá sucesso", entre outras tantas, são mensagens que carregam uma ideia de que algo será entregue, quase garantido. Mas o problema vem depois. O que acontece com quem seguiu os sete passos e não ficou rico? Como fica aquela pessoa que investiu um dinheiro que não poderia para mudar sua vida em um final de semana e se depara incapaz de gerar mudanças? Qual a sensação interna de uma pessoa que fez exatamente o que o mensageiro falou, mas não alcançou o sucesso?

Passamos então a colecionar a frustração, a tristeza, a decepção interna. Entramos em um ciclo de questionamentos que puxam para baixo nossa autoestima. Será que não sou capaz? Onde foi que errei? Por que só eu não consigo? Devo mesmo ser muito incompetente! Nasci para ser infeliz! Com a mesma intensidade que esse tipo de mensagem me motiva, ela me causa uma profunda angústia.

Além da presença de uma promessa mal construída, esse tipo de mensagem também conta com uma parte oculta. Se as mensagens fossem "dez reflexões para, talvez, você conseguir se sentir feliz por um período" ou "sete ideias que, se tudo correr bem e se você for muito bom na capacidade de agir, você poderá ficar rico", acredito que não venderia. Não sairia nas capas de revistas, não ocuparia a lista dos livros mais vendidos, não teria milhares de likes nas redes sociais. Ou seja, trazer a verdade ao público de uma forma direta e sem criar falsas expectativas não gera audiência. Em algum momento queremos ser enganados e somos levados a acreditar que existem atalhos quase secretos na vida e que, por algum motivo, nós iremos descobri-los.

Porém, o que aprendi nestes anos é que felicidade e sucesso, assim como outras tantas palavras que buscamos nas nossas vidas, não têm atalhos. Nesta jornada existem erros, decepções, derrotas. Haverá dias de incertezas, medos e ansiedades. Teremos que conviver com o dia da preguiça e da distração. Pensaremos muitas vezes em desistir. Precisaremos nos manter motivados e dispostos a seguir agindo. Será importante pedirmos ajuda. E tudo isso para, ainda assim, não ter a garantia de que algo dará certo.

Pode parecer pessimista. Pode parecer triste. Pode ser o oposto de uma mensagem motivacional. Mas, pelo menos na minha vida, é a visão mais autêntica que pude construir. E lidar com a verdade me deixa mais consciente da jornada, do meu papel, dos meus riscos e das minhas renúncias. Também pude perceber ao longo do tempo, através dos atendimentos individuais, que essas ilusões das fórmulas para alcançar aquilo que desejamos geram uma diferença entre as ideias que temos e as experiências que colecionamos.

O *"eu* que idealiza" costuma ser diferente do *"eu que vive"*. Muitas das dores e angústias humanas estão ligadas a deixar um espaço muito grande entre esses dois. Em análise final, o sentimento mais profundo é baseado naquilo que verdadeiramente estamos vivendo.

Iniciar os "sete passos" pode ser confuso logo no início. Tentamos repetir os passos que estão sendo orientados, mas na experiência real a vida não é uma reta contínua para cima. Ao vivermos as primeiras incertezas, ou até mesmo os primeiros erros, começamos a questionar a nossa capacidade de seguir esses roteiros. A nossa parte que vive inicia um conflito com a nossa parte que idealiza.

Causa uma espécie de disfunção cognitiva. Pude observar que, geralmente, os clientes que não conseguiram alcançar seus objetivos se direcionavam em dois tipos de caminho. No primeiro, assumia uma voz interna extremamente crítica, julgando a incapacidade deles mesmos em realizar os passos de forma assertiva. Como dito anteriormente, esse tipo de cliente acabava se sentindo frágil, com medo, inseguro. Houve diversos casos de clientes que precisei indicar para processos de terapia com psicólogos, porque apontavam sinais de um processo depressivo. Eles receberam um turbo em um carro que não estava pronto para correr, então, se encontravam piores do que antes, porque aquele mesmo turbo desgastou o carro todo. Seria necessário refazer sua estrutura, deixar de lado o turbo e ajudar esse carro a andar novamente acreditando que, mesmo sem o turbo, eles podem se tornar eficientes sem perder a consciência de que, em alguns momentos, peças irão falhar.

Mas, também havia os clientes que entravam em uma espécie de "vício" da autoajuda. Viviam a experiência de não-assertividade com relação à fórmula que havia sido seguida, mas sua estratégia de defesa era procurar uma fórmula que fosse ainda melhor. Descobriam um outro mensageiro que apresentava "cinco passos ainda mais eficientes para o sucesso" ou até mesmo "o segredo que os ricos nunca contam". Era uma espécie de euforia por terem encontrado uma promessa ainda maior. E assim, seguiam essa jornada consumidora das mensagens que geralmente estão acompanhadas do próximo passo. "Se você gostou deste módulo, você vai descobrir coisas ainda mais fantásticas no próximo módulo", ou "se este livro abriu sua mente para uma vida transformadora, acesse agora o meu portal e veja os vídeos ainda mais reveladores". Certas pessoas passam anos nesse ciclo. Conheci muita gente que, não tendo mais o que comprar de vídeos e livros, venderam suas coisas para poder ir ao outro lado do planeta fazer um curso que "mudará a vida para sempre". Novamente, quero esclarecer que não sou crítico de mensagens interessantes que esses tipos de livro, vídeo ou curso possam ter. Eu mesmo já fui um comprador assíduo desse mercado. Mas o que me incomoda são as promessas que estão contidas.

Para não ser tão radical, vou pegar como parâmetro apenas a cidade onde nasci: Porto Alegre, no sul do Brasil. A cidade tem uma população de pouco mais de um milhão de habitantes. **Como pode alguém conseguir afirmar que sabe o caminho para um milhão de pessoas alcançarem o sucesso?** Como pode alguém dizer que sabe ajudar essas um milhão de pessoas a ganharem dinheiro? E talvez a pergunta que mais me causa uma certa inconveniência: o que acontecerá com a cidade, se um milhão de pessoas seguirem os mesmos "sete passos"?

Existe uma enorme diferença entre "os sete passos que eu segui para ter felicidade", da mensagem "os sete passos para você alcançar felicidade". Como estudioso e curioso a respeito das jornadas de vida, a primeira mensagem me instiga. Ela não define o que eu devo fazer. Ela,

Não me iluda!

se alinhada com meus valores, me inspira. Já a segunda mensagem parte de um ponto onde há alguém superior a mim, que não me conhece, mas que se diz entendedor da minha caminhada. Será que existe uma posição mais prepotente do que ter a ousadia de dizer como uma outra pessoa – que eu nunca vi na vida – deve viver?

Tem muito guru que pensa que é Deus. Outros têm certeza.

4

"Você quer, você pode" (?)

Certa vez, coloquei no meu perfil em uma rede social, que eu era contra a frase acima. Vivendo, aprendi que nem tudo o que eu quis, eu pude e, mesmo assim, isso não tirou a beleza da minha própria história. Na minha postagem, escrevi que a mensagem que me parecia mais verdadeira seria: "Você quer, você faz e depois, talvez, você possa". Mas novamente, esse tipo de mensagem não vende. É dura demais.

Porém, uma pessoa me questionou. Ela disse que acreditava, sim, que a frase era verdadeira. Deu-me o exemplo que ela entendia que, se quisesse subir o monte Everest, bastaria acreditar, se preparar e, um dia, ela conseguiria. Então me atentei para respondê-la sobre três aspectos:

Não me iluda!

1) Se a frase é mesmo verdadeira para você, então posso concluir que tudo aquilo que você até hoje não conquistou, é porque você não quis;

2) Na sua frase, você coloca um verbo que não tem na frase original. Você colocou "se preparar" e, portanto, você colocou o verbo da ação. Essa é a parte oculta na mensagem dita de autoajuda. Mas a maioria das mensagens de autoajuda não deixa claro que sempre haverá uma parte trabalhosa na história;

3) E, por fim, lhe convido a falar com meu avô, com noventa anos e capacidade extremamente limitada de respiração e de visão, que se ele quiser subir o Everest, basta ele acreditar, que um dia chegará.

Até hoje aguardo uma resposta.

Não quero ser o dono da verdade. Aliás, a minha maior intenção neste livro é justamente mostrar que não existe uma verdade absoluta. Somos uma sociedade com infinitas verdades relativas. Portanto, não me iluda com a sua verdade. Se você realmente acredita que basta querer e você alcançará, siga nesse caminho. Não desista dele apenas porque leu meu ponto de vista. Eu realmente só gostaria que você refletisse sobre as mensagens que recebe, incluindo aquelas que estão nestas páginas.

Um outro ponto de vista interessante para refletir sobre essa frase, se faz pela perspectiva ética. Em um conceito de sociedade e de bem-estar coletivo, nem tudo o que eu quiser, eu vou poder. Não me refiro a questões ilegais, pois estas são óbvias. Mas me refiro ao conceito de bom convívio mesmo. A ideia de "você quer, você pode" parece ter contribuído para uma geração pouco preocupada com os outros. Estão em busca de suas realizações e pouco importa onde a jornada de um, cruza com a jornada de outro.

Já pensou se uma pequena parte da população (pode ser mesmo apenas uma pequena parte) pudesse tudo aquilo que deseja, como seria o nosso modo de vida? Posso estar enganado, mas para mim a ideia de uma pessoa que quer, e então pode, está muito associada à expressão "filho mimado". Muitas crianças nascem podendo tudo aquilo que querem. Até crescerem e, na dor, entenderem que o mundo não está aí para as fazer felizes.

A felicidade não é um direito. A felicidade é um dever.

E é justamente por esta visão que me incomodo toda vez que ouço uma mensagem sem o componente da ação individual, em busca de algo desejado. Tende sempre a haver um ruído, uma espécie de meia verdade. Não chegam a ser frases absurdas. A própria frase "você quer, você pode" não é uma loucura. Existem fundamentos e princípios com os quais eu concordo nessa afirmação. Mas, novamente, ela me promete algo que até hoje nunca me pareceu real.

5

"Pense positivo e terá tudo o que quiser" (?)

A primeira área de comportamento humano que eu estudei foi a programação neurolinguística. Vivi na década de 90 a enxurrada de mensagens a respeito do pensamento positivo e tudo aquilo que nossa mente seria capaz de criar. Interessava-me tanto por esse tipo de estudo que, mesmo sendo muito jovem, eu já devorava livros e cursos sobre o assunto. O poder da mente era encantador. Na minha mente, pude criar a vida perfeita que eu teria pela frente.

Tornei-me um pensador assíduo da forma positiva. Era um praticante de todas as técnicas de visualização. Com menos de vinte anos, eu já tinha meus pequenos cartazes com imagens de tudo o que eu queria ter. Casas, carros, barcos, viagens... Foi muito bom. Foi importante. Obtive uma base emocional para ir atrás dos meus desejos, sonhos e metas de uma forma muito boa. Não me arrependo.

O que aprendi nos anos seguintes foi que isso tudo era apenas uma peça no meio de um quebra-cabeça complexo.

Entre o que eu acredito e o que eu colho de resultados, existe aquilo que eu faço (ou deixo de fazer). Tudo o que eu faço, ou não, gera as minhas experiências. E hoje percebo que as experiências são as minhas maiores fontes de confiança e autoestima.

Quero fazer aqui um relato de uma vivência que ampliou minha consciência para esse assunto. Porém, é importante deixar claro que não sou um profissional da área da neurociência. Nunca estudei o cérebro, fisicamente falando. Sequer entrei em uma sala de mapeamento neurológico. Portanto, o ponto de vista que irei apresentar se refere a ideias e reflexões que tenho feito a respeito desse possível – mas ainda misterioso – poder da mente.

Eu havia comprado um óculos de realidade virtual para brincar com meu filho. Entre diversas possibilidades de uso para jogos e simulações, em um determinado momento escolhi um simulador de montanha-russa. Sentei em uma poltrona, coloquei os óculos e fone de ouvido. A experiência é mesmo interessante. É rápido de comprovar que certas projeções podem enganar o cérebro. Em poucos minutos, eu já sentia um pouco de náusea e, quando estava no ponto alto dos trilhos e o carrinho apontou que faria a queda mais intensa do trajeto, minha mente realmente entrou naquela realidade e provocou um grande frio na barriga. Ou seja, era uma situação que comprovava que podemos enganar o cérebro. O frio na barriga havia sido meramente criado, pois fisicamente eu seguia sentado na poltrona.

Mas a parte curiosa que pude perceber é que essa projeção, mesmo que intensa, não anula a consciência da realidade. Embora eu tenha sentido frio na barriga, em nenhum momento passei pelo medo de que o carrinho fosse sair dos trilhos e que eu fosse verdadeiramente me machucar. Este é o meu medo real quando vou em montanhas-russas de verdade. Sei que estatisticamente a chance disso acontecer é baixíssima – principalmente quando se trata de parques com qualidade –, ainda assim, é o medo que eu sinto. Mas a prova de que minha consciência permanecia presente naquela simulação se deve ao fato de que não tive medo de me acidentar. Na realidade, não senti medo. Senti, sim, um pouco de emoção e a sensação de tontura por estar no alto. Senti o frio na barriga e posso imaginar que aumentei meu nível de adrenalina naquele momento. Meu cérebro realmente foi enganado e fez seu trabalho de produzir as reações devidas no corpo. Mas a consciência não foi enganada, e esse é o ponto sobre o qual quero traçar uma ideia paralela.

Concluo, novamente deixando claro, que se trata de uma conclusão baseada na observação, sem nenhum tipo de comprovação científica, que certos estímulos produzem reações, mas elas não anulam os registros que estão na nossa consciência.

Uma mensagem motivacional pode, sim, gerar entusiasmo, um momento de confiança, ou até mesmo me encorajar a fazer algo que eu estava procrastinando. Mas ela sozinha não se sustenta por muito tempo, caso as

Não me iluda!

minhas experiências reais tenham gerado, em mim, uma consciência inversa àquela mensagem. O pensamento positivo me parece ter muito desse efeito. Jamais seria contra o pensamento positivo. Tenho inúmeros exemplos do quanto foi importante na minha trajetória ser uma pessoa mais otimista, acreditando e exercitando os pensamentos mais positivos. Mas faço uma comparação do pensamento positivo, com um simulador. Não há dúvidas de que causa reações positivas. Sabemos que o pensamento positivo altera inclusive a nossa energia, e sigo acreditando que o ato de pensar de forma positiva nos ajuda a sentir mais segurança. Mas a minha consciência seguirá presente. Nela, seguirá registrado aquilo que eu vivo diariamente.

Certa vez, assisti a um filme motivacional que sugeria que, caso meu sonho fosse ter uma Ferrari, eu deveria alugar uma para, então, enganar o cérebro. Trabalhar com as sensações de dirigir um carrão e, assim, provocar o pensamento positivo de que um dia eu poderia ter um. Na época, fez sentido. Recentemente realizei o desejo de alugar um carro conversível em uma viagem. A sensação, de fato, na hora foi maravilhosa. Meu lado otimista, e também consumista, logo pensa em poder ter um carro daqueles. Mas tudo isso não anulou a minha consciência que, em algum momento, me lembra que se trata de um carro alugado, que será devolvido em alguns dias e que no meu país custa um valor que não faz parte da minha realidade. Novamente, essa experiência pode me motivar e me fazer seguir otimista que eu venha a ter esse carro. Mas, em algum ponto, eu sei que aquela se trata de uma experiência de um carro alugado, por melhor que a experiência possa ser.

62

É a experiência colecionada que gera a consciência.
A ideia de se olhar no espelho e dizer para si mesmo que você é um campeão remete à mesma situação. Provavelmente, naqueles minutos seguintes, essa mensagem causará algum efeito. Mas, se você chegar na sala da sua casa e a sua esposa lhe lembrar de algo que você prometeu há dias, mas ainda não fez, aquela energia "campeã" começa a se esvair. Se você chegar no seu trabalho e receber uma dura crítica do seu chefe, ou de um cliente, novamente aquela energia vai se dissipar.

O que eu quero propor é a visão de que as emoções que vivemos por algo real, e não projetada, também fazem parte da construção de uma autoestima melhor. O problema é que, quando entendemos dessa forma, então a mensagem por si só não pode garantir nada. Ela é apenas o gatilho, o ponto de início. Para que algo seja verdadeiramente construído, a ação precisará entrar em cena. O receptor da mensagem precisa fazer. A outra parte da promessa contida na mensagem não é do mensageiro, mas do receptor. É o indivíduo que precisa começar a colecionar pequenas experiências que comprovem que aquela mensagem inicial faz algum sentido. Ao pensar dessa forma, passa a ser extremamente importante reconhecermos as pequenas vitórias. Precisamos aprender a deixar entrar os elogios. Precisamos aprender que reconhecer uma qualidade, uma vitória, ou uma conquista, não é deixar de ser humilde.

Venho de uma cultura educacional na qual sentir o próprio valor é se exibir. Porém, entendo hoje que o exibicionismo, ou arrogância e prepotência, são aspectos relacionais. Essas características precisam da relação com

Não me iluda!

o outro para existirem. Ninguém consegue ser exibido para si mesmo. Ninguém consegue ser arrogante consigo mesmo. Logo, aquilo que sinto sobre mim é individual e, portanto, não poderia ser relacional. O sentimento é do indivíduo, e a forma de se relacionar a partir desse sentimento, é do coletivo.

Digo isso porque percebi que é necessário valorizar as conquistas. Se, depois que eu nutrir meus pensamentos positivos, eu puder reconhecer alguma experiência real e tangível também positiva, então posso começar a criar uma espécie de espiral positiva. Uma soma entre o que eu penso, o que eu faço e o que eu colho. E, nesta soma, os mensageiros e suas mensagens podem apenas contribuir na primeira parte. Por isso, volto a deixar claro que sou muito favorável ao pensamento positivo, mas ele não é mágico.

Outro ponto que considero importante é a desconsideração pelo ambiente externo. Não temos o controle sobre as ações – ou não ações – dos outros. Essa ideia quase mágica que promete que tudo aquilo que pensamos se materializa, desconsidera que, para as coisas se materializarem, é necessário que os outros se sintam impactados, alinhados ou dispostos.

A frase "pense positivo e terá o que quiser" é vendedora. Muita gente ganhou muito dinheiro com esse tipo de mensagem. Já a frase "pense positivo, faça algo e talvez você possa ter o que quiser", não vende. Quem quer comprar esse tipo de mensagem?

No atalho para sermos pessoas melhores, compramos as pílulas da felicidade. Mas são rasas. Não são completas. E cuidado, pois podem apenas ter efeito placebo.

Pensar positivo é, sim, básico e essencial. Logo,

penso positivo que um livro com um tema como este aqui pode ajudar as pessoas a ampliarem suas consciências e, como consequência, pode atingir um bom volume de venda, o que me trará realização, reconhecimento e dinheiro. Compreendo também a parte do agir. Para que um livro tenha sucesso, primeiro tenho que escrever. Depois, tenho que buscar bons parceiros comerciais e, por fim, preciso executar estratégias para divulgá-lo. E a parte do "talvez" que coloquei na frase? "Talvez você possa ter o que quiser" é um pouco frustrante, mas para mim é a mais verdadeira possível. Para que este livro venda de forma grandiosa – por exemplo, um milhão de cópias –, preciso que um milhão de pessoas se disponham a comprá-lo. E eu não controlo um milhão de pessoas. Aliás, não controlo nenhuma pessoa.

Não parece pretensioso demais pensar que basta eu acreditar, e o poder da minha mente e da minha crença positiva irá mover um milhão de pessoas? Dá mesmo para acreditar nisso? Se sim, então significa que muitos livros que eu comprei até hoje não foi porque eu escolhi, mas sim, porque os seus autores pensaram tão positivo que me atraíram?

Não me iluda!

Certa vez, assisti à entrevista de um escritor muito famoso, cujos livros venderam mais de 150 milhões de cópias no mundo todo. Em um determinado ponto, o entrevistador pergunta: "Qual o segredo para vender 150 milhões de cópias?". O autor responde: "Posso explicar o que eu fiz para vender 150 mil cópias, já para 150 milhões não faço a menor ideia." Simples assim. E verdadeiro. Como escritor (este é meu quarto livro), realmente sei das estratégias

Não me iluda!

que podemos criar para a venda de uma obra. E elas são de fato necessárias. Mas para chegar ao patamar de 150 milhões de cópias não há uma fórmula mágica. Foi o que foi, e ponto final. Devo aceitar esse fluxo e permanecer focado apenas na minha ação.

Um caminhante não controla o caminho. O caminho já estava lá muito antes dele chegar, e o caminho permanecerá lá depois que ele for embora. Ao caminhante só cabe o ato de caminhar.

6

A supervalorização do esforço

Cresci ouvindo jargões que me prometiam sucesso caso eu me esforçasse. Continuo acreditando muito no valor do esforço. Diria até mesmo que o esforço é uma espécie de premissa para conseguir ser bom em algo. Não tem como se tornar qualificado em alguma área sem um determinado grau de empenho.

Porém, a ideia de que a vida só será recompensada se você primeiro "se ferrar", passou a não fazer muito sentido para mim. Gerações mais jovens já aprenderam que, embora o esforço seja uma premissa, não há uma fórmula proporcional entre esforço e resultado. Sempre haverá casos de pessoas muito empenhadas que não chegaram nem perto de onde desejavam e outras que alcançaram enorme reconhecimento em suas áreas utilizando baixo esforço para tal.

Mas a intenção maior deste capítulo não é refletir sobre pessoas, seus esforços e seus resultados. Meu maior objetivo é abordar a questão da supervalorização do esforço. Que ele tem valor, nem mesmo questiono. Mas o esforço não pode valer mais do que aquilo que aprendemos. **O esforço não pode valer mais do que aquilo que nos tornamos.** Não pode ser maior do que a alegria da conquista. Quando entendi essa lógica, passei a dar mais ênfase às coisas boas que me aconteciam do que ao esforço em si. Deslocar o esforço para uma posição meio, e não mais fim.

O problema é que viemos de uma cultura que desde cedo nos ensina diferente. Lembro de ser criança e escutar que "Deus ajuda quem cedo madruga". Era uma espécie de treinamento sobre o fato de ser necessário sofrer para que algum Deus ajudasse. Se Deus existe mesmo e ele é tão bondoso, por que iria querer que a gente sofra? É comum na sociedade as pessoas valorizarem mais a quantidade de esforço, sacrifício e dedicação que tiveram ao longo da jornada do que aquilo que alcançaram. Dessa forma, acabam quase rejeitando os elogios e os reconhecimentos, pois fazem questão de enaltecer o quanto "se ferraram" para chegar ali.

Você chega para o seu amigo e diz: "Que legal que você foi promovido."

Ele responde: "É, mas você não sabe quantos anos levou para isso."

Ou então: "Que bonito esse seu carro novo."

E escuta a resposta: "É, mas vou ter que trabalhar muito para poder pagá-lo."

E uma das clássicas: "Que lindo seu filho!"

Eis que o pai responde: "É, mas você não sabe como ele chora à noite."

São exemplos do supervalor do esforço. Ganhar ou perder se torna quase irrelevante, pois o importante mesmo é mostrar que lutamos.

O paradoxo dessa ideia é que, na outra ponta, pude perceber que existia apenas um único ponto em comum com todos os clientes que passaram pelo meu trabalho: todos queriam uma vida mais fácil. Aliás, me custa imaginar que alguém queira uma vida mais difícil. Se for o seu caso, sugiro ler o livro de trás para frente. Dá mais trabalho!

Fico pensando, então, que se todos desejam uma vida mais fácil, por que colocamos demasiado valor no esforço? Se o que eu tiver para contar aos outros for o quanto eu me esforço para ser quem sou, nunca terei uma vida mais simples. São lados opostos. A simplicidade é o inverso da complexidade. E é na promoção da complexidade que mostramos como somos esforçados.

A verdade é que não temos permissão para admitir que queremos uma vida mais fácil. Isso se tornou uma referência à vagabundagem, à acomodação e à preguiça. Mas são coisas completamente diferentes. Workaholics podem ter uma vida simplificada, sem grandes esforços diários, quase como uma luta. Deve ser por isso que muita gente, ao se cumprimentar, faz questão de dizer "ando na luta", "na batalha", "matando um leão por dia"... Em algum ponto de suas consciências, isso deve dar um significado de pessoa com valor.

Mas devo confessar que, caso alguém me perguntasse "E aí, Gabriel, anda trabalhando muito?", o que eu adoraria responder seria algo do tipo: "Não, não... Estou trabalhando somente o necessário mesmo." Mas provavelmente seria rotulado como alguém não merecedor de sucesso.

Novamente, baseado na minha história e nas histórias dos meus clientes, faço uma reflexão. Todos querem sucesso, ok. Todos querem uma vida mais fácil, embora nem sempre admitam, ok. Então por que não direcionamos nossas energias para valorizar e promover o sucesso através de um caminho mais fácil, menos sofrido, sem a necessidade do imenso valor do esforço?

Acredito que uma das formas de diminuir o valor do esforço é reconhecendo e valorizando o lado bom da própria jornada. Foi dessa forma que há alguns anos eu e uma amiga minha criamos a expressão #ZoomNoLadoBom. A intenção foi desenvolver uma pequena brincadeira nas redes sociais através dessa chamada. Veja que "Zoom" não é negar o lado ruim e nem mesmo inventar o lado bom. "Zoom" é ampliar. De forma geral, fomos educados para ampliar o lado ruim. Geralmente estamos conectados com nossas carências, nossas falhas, nossos medos e nossas ansiedades. Sabemos na ponta da língua onde residem nossas preocupações e quais os aspectos das nossas vidas que queremos melhorar.

Nessa mesma linha, ainda vivemos um conceito de amizade valorizada nas horas ruins. É de fato nobre e bonito os amigos que estendem a mão na hora da tristeza. Mas, o difícil mesmo, é ver um amigo ficar feliz simplesmente porque estamos bem, porque chegamos lá. Os próprios vínculos de amizade estão muitas vezes conectados com os esforços de cada um.

Já na caminhada individual, quando chegamos lá, o "lá" não está mais lá. Justamente por isso a conexão com a sensação de vitória pode ficar escassa. Por isso o convite para ampliar o lado bom. É dessa forma que podemos reduzir o supervalor do esforço. Em uma roda de amigos e familiares, poder compartilhar assuntos positivos, aos invés dos esforços. Reconhecer outras pessoas e elogiar suas conquistas, seus aprendizados e seus desenvolvimentos, e não exclusivamente seus sofrimentos e cansaços, durante a jornada deles.

Um outro bom exemplo pode ser observado com uma rápida análise de uma semana de trabalho, de segunda à sexta-feira. Acredito que todo profissional já passou por uma semana intensa de trabalho. Levou atividades para casa, trabalhou até tarde, mal teve tempo de almoçar. Não conseguiu ver a sua família e nem sequer teve tempo de atender ao telefonema de um amigo. Quando estamos nesse tipo de semana, fazemos questão de que o maior número possível de pessoas saibam que estamos nela. Para facilitar essa quase divulgação, colocamos nas redes sociais um post do tipo: "Saindo do trabalho à meia--noite, mas amo meu trabalho". Sério? A menos que sua atividade esteja relacionada com algo à meia-noite, o mais provável é que você não esteja amando o seu trabalho naquele momento.

Eu me considero um profissional que ama o que faz, mas é pouco provável que você me encontre amando uma semana sobrecarregada, sem tempo para outras tantas coisas importantes que minha vida pode oferecer além da carreira. Mas postamos isso nas redes porque não há a menor dúvida: ganharemos muitos "likes". Muita gente vai gostar do que postamos, e outras tantas ainda vão deixar recados de reconhecimento. Ficamos com a imagem de pessoas esforçadas e que merecem sucesso. O problema é que, ao longo da minha vida, percebi que esforço não garante sucesso.

Por outro lado, pense agora em uma semana tranquila. Talvez faça algum tempo que você não viva uma assim, mas imagino que um dia você já viveu. Uma semana onde você trabalhou o que tinha que trabalhar. Cumpriu seus compromissos, mas pode ir para casa no horário previsto. Conviveu com sua família e amigos. Pode praticar seus esportes, hobbies, ou qualquer outra coisa que lhe agrade nos tempos livres. Embora seja um tipo de semana muito desejada, a grande maioria das pessoas não tem permissão interna para admitir. Não temos espaço social para descrever isso. Esse tipo de semana não contamos para ninguém. Um post nas redes sociais dizendo algo como "estou em uma semana light, trabalhando e aproveitando outros momentos" costuma soar como acomodação ou até mesmo vagabundagem.

Mas, veja bem: se você está em uma fase que quer trabalhar intensamente em prol de algum objetivo de vida, vá em frente! A minha reflexão aqui, neste capítulo, não se refere a isso, pois nesse caso estamos falando de uma escolha. Os meus questionamentos para o supervalor do esforço se referem ao modelo automático em que vivemos e não costumamos parar para refletir. Quero abordar aquele momento em que você gostaria de poder desacelerar, mas sua pressão emocional interna não permite. E, principalmente, me refiro ao fato de valorizarmos as semanas sobrecarregadas e desconsiderarmos as semanas mais leves.

Quando você chega em casa e encontra sua família, o que mais você costuma contar? Prefere contar o dia estressado, a conversa dura com o chefe, a crítica do cliente e a fofoca do colega, ou prefere contar a solução de um problema, a meta alcançada, a venda realizada, ou o elogio de um cliente antigo?

A necessidade do esforço precisa ser ensinada. A necessidade de comemorar as conquistas também.

7

"Dinheiro não traz felicidade" (?)

Esta frase! Ah, esta frase!

Nem sei dizer a quantidade de tempo que dialoguei, questionei, briguei e refleti a respeito dessa afirmação. Já acreditei em uma coisa, depois mudei completamente de opinião. Já corri muito atrás de dinheiro e depois me tornei crítico a ele. Já zigue-zagueei tanto a respeito desse assunto que somente neste livro me senti encorajado para escrever algo sobre o tema.

Mas, antes de mais nada, é importante lembrar que certas perguntas não precisam ser respondidas, e sim, apenas refletidas. Essa é uma delas. Qualquer coisa que eu diga neste livro sobre dinheiro trazer ou não felicidade, estarei muito mais falando de mim do que sobre o dinheiro

Não me iluda!

em si. Portanto, mais uma vez, a proposta é que você mesmo chegue à sua própria conclusão.

Parece um conceito social de que dinheiro não traz felicidade. Particularmente, não acredito mesmo que traga. **Na minha opinião, dinheiro traz segurança, prazer, momentos de alegria, status. O problema é que isso é tão parecido com felicidade, mas tão parecido, que até me confundo.** Mas não é a mesma coisa. Digo isso sem ironia, baseado na minha relação com o dinheiro.

Mesmo com esse conceito social, a grande maioria da população me parece estar correndo atrás dele. Posso estar sendo julgador, ou até mesmo preconceituoso, mas a grande maioria das pessoas que conheci que alegavam não querer dinheiro, na realidade, falavam isso até começar a ter. Parar de desejar algo que não acreditamos que iremos alcançar pode ser uma saída sadia. Não vejo mal nisso, pelo contrário. A questão é que poucas, mas pouquíssimas vezes, conheci pessoas que realmente negavam propostas para ganhar dinheiro. Não estou falando de aceitar qualquer proposta. Refiro-me a, de fato, não quererem ganhar dinheiro. Pensando bem, eu não conheci ninguém. Convivi com mestres espirituais que discursavam sobre a baixa importância do dinheiro, mas em paralelo me pediam ajuda para conseguirem fazer palestras com pagamento de cachê. Conheci coordenadores de cursos sobre felicidade que faziam reuniões para debater como poderiam cobrar valores mais altos para as inscrições. Os exemplos seriam muitos.

Portanto, minha intenção não é questionar essa vontade de encontrar uma forma de ganhar mais dinheiro, mas sim, as condições para alcançá-lo. Podemos ter o desejo de ter dinheiro e usufruir do que ele traz, mas também podemos fazer escolhas sobre a forma de ganhá-lo. Assim como temos centenas de exemplos de coisas boas que o dinheiro proporciona, também temos uma lista imensa de estragos que ele causa. Mas, na minha observação, a maioria das dores fruto do dinheiro estão ligadas à forma como as pessoas se relacionam com ele.

O que faço para ter dinheiro. O que faço quando não tenho dinheiro. O que faço quando tenho dinheiro. Estes três aspectos foram o foco das minhas observações e reflexões depois que resolvi assumir de vez que dinheiro sempre seria bem-vindo na minha vida. Graças aos meus pais, nunca passei fome. Nasci em uma família de classe média e sempre tive acesso a uma vida com tudo o que eu precisava. Mas eu cresci pensando em ter muito dinheiro. Desde a adolescência sonhava com carros e casas de luxo. Admirava as pessoas ricas, as festas glamourosas, objetos que representavam riqueza. Eu verdadeiramente queria ser VIP (*Very Important Person*, "pessoa muito importante") e, neste caso, o "importante" é representado apenas por dinheiro.

Ao longo da minha jornada jovem e adulta, tive altos e baixos. Ganhei dinheiro relativamente rápido. Mas caí, quebrei, me endividei. Voltei a ter dinheiro, um reconhecimento de sucesso empresarial e novamente caí, ficando endividado, e na sequência novamente levantei. Depois, recomecei e iniciei na carreira que estou até hoje. No início foi difícil, revivi a experiência de estar com dívidas que pareciam impagáveis. Mas é aos poucos que a vida vai dando certo e, anos depois, me restabeleci financeiramente. Foi apenas neste último ciclo que comecei, de fato, a entender minha relação com o dinheiro.

Foi através de todos esses momentos que me permiti questionar tanto sobre o fato da importância de ter ou não ter dinheiro. Então, vamos por partes:

O que fazemos para ter dinheiro.

Eu aprendi a não deixar mais o desejo por dinheiro nortear a minha vida. Na minha história, já fiz negócios que eu hoje jamais voltaria a fazer. Não quero mais buscar dinheiro a qualquer custo. **Tem muita coisa que sai caro ao abrir mão para ter uma vida financeira melhor.** Portanto, novamente é uma questão individual. Quais as condições que aceito para ter dinheiro? Saber a resposta, que pode mudar a cada fase da vida, nos ajuda a ficar mais alinhados com as perdas necessárias. Tive clientes que trabalharam exaustivamente por anos para alcançarem riqueza. Alcançaram. Em alguns casos, alcançaram muito dinheiro. Mas o preço que pagaram durante a jornada foi alto. Viram seus casamentos, sua relação com os filhos e amigos, sua saúde e seu equilíbrio emocional ficarem em risco em prol do dinheiro. Não foram poucas as vezes em que escutei clientes dizerem que pagariam fortunas para comprarem tempo livre ou a possibilidade de recomeçarem relações com determinadas pessoas. E isso ocorre porque realmente o dinheiro não compra tudo. Compra muita coisa boa. Mas não compra tudo.

Um bom ambiente familiar. Um casamento íntimo e amoroso. Convívio intenso com os filhos. Amigos de longa data. Gargalhadas de doer a barriga. Beijos roubados de surpresa cheios de energia. Esses e outros tantos não têm relação com preço. Eles têm apenas valor. Por isso, prefiro não abrir mão de nada que é importante para mim para ter dinheiro. Optei por colocar outras prioridades na minha agenda, na minha vida. Quis deixar para trás um comportamento que adotei durante muito tempo: qualquer demanda profissional se sobrepunha à agenda social e familiar. Agora, minha vida íntima passou a ter mais importância do que minha vida profissional para alcançar sucesso e dinheiro.

O que fazemos quando não temos dinheiro.

Um dos piores comportamentos, no meu ponto de vista, é menosprezar quem tem dinheiro no momento em que não o temos. A inveja sempre foi um traço social. **Aliás, muita gente diz que não inveja os outros, mas também muita gente se diz sendo invejada. A conta não fecha.**

Portanto, não quero me iludir que seja possível nunca mais invejar a vida alheia. Seguirei invejando pessoas que chegaram a lugares em que eu também queria ter chegado. Não podemos esquecer que, por trás de toda inveja, existe uma admiração. Por várias vezes vi pessoas criticando certas aquisições por serem caras e/ou desnecessárias, simplesmente porque não podiam comprar. Isso me causou certo incômodo porque, anos depois, algumas dessas pessoas ganharam dinheiro e lá estavam comprando tudo aquilo que um dia haviam criticado. É necessário ter cuidado com a crítica ao dinheiro quando estamos sem ele.

Realmente tenho fortes dúvidas se o dinheiro traz felicidade, mas tenho a plena certeza de que ausência dele traz infelicidade. Não me refiro a não ter dinheiro para coisas básicas como se alimentar, se vestir e ter onde morar.

Refiro-me a estar sem dinheiro para passear, sem condições de comprar um presente para pessoas que amamos, sem dinheiro para comprar uma roupa nova e ajudar na autoestima, sem dinheiro para ir a um barzinho com os amigos, sem dinheiro para tantas coisas pequenas que fazem diferença no dia a dia. **Só quem já dormiu com a tensão de não saber como vai pagar as contas do outro dia sabe o quanto a escassez de dinheiro traz infelicidade.**

O que fazemos quando temos dinheiro.

Penso que o maior risco de começar a ganhar um bom volume de dinheiro é iniciar o vício de cada vez ter que ter mais. A ideia de superioridade com relação aos outros baseada em condições financeiras chega a ser repugnante. Também aprendi que uma boa forma de dar sequência ao ciclo do ganho financeiro é ajudando os outros a também ganharem. Dinheiro é um fluxo, e todo fluxo não é uma posse eterna. Pode ser compartilhado.

Ter dinheiro significa adquirir coisas materiais e experiências. As compras materiais costumam representar pouco nas histórias de vida. Todas essas peças do jogo voltarão para a mesma caixa. Já as experiências nos transformam e ficam na memória. Eu não lembro mais a roupa de marca que comprei anos atrás, mas tenho as referências de lembrança de viagens, jantares, encontros e conversas que o dinheiro me proporcionou. Essa é a parte que hoje me faz continuar desejando dinheiro. Pois quero continuar tendo as experiências que ele me permite. Colocar o dinheiro a favor de me transformar como ser humano, e não como consumidor. Mudar os hábitos de consumo, comprando coisas mais caras, dão pouco e curto sentido na minha vida. Mas isso tudo eu também só pude aprender depois que tive uma certa condição financeira. No meu caso, não sei se eu teria tido todo esse aprendizado se eu ainda fosse aquele profissional que tinha um salário baixo.

Sendo assim, a percepção de felicidade relacionada a dinheiro é, mais uma vez, pessoal. Você define se, na sua vida, no tempo atual, o dinheiro tem esse impacto ou não. Penso apenas que não podemos deixar de refletir também no caminho que escolhemos para ter boa situação de dinheiro, nos discursos e nas atitudes que temos conosco e com os demais quando estamos sem dinheiro e também quando estamos em uma situação financeiramente favorável.

E, por fim, se dinheiro for realmente importante para você, vá atrás. Precisamos perder esse medo social de admitir isso. Acredito ser uma grande armadilha emocional deixar de ir atrás de algo que é importante simplesmente porque algum conceito, consciente ou não, lhe impõe uma espécie de bloqueio.

Algumas linhas espirituais defendem que a iluminação só existe para quem não deseja riqueza. Esse me parece um outro tipo de ego que falaremos mais para frente.

Há pessoas que não suportam que algum membro da família fique rico. Muita gente acaba tendo medo de não pertencer mais à essa família, caso isso ocorra. Ou ainda, o receio de ser julgado socialmente como ambicioso, ganancioso ou egoísta. Motivos para ser criticado por assumir o desejo pelo dinheiro não faltam. **Muita gente quer, mas poucos sequer se permitem admitir.** Mesmo que apenas para si mesmos.

Isso faz, ao meu ver, com que dinheiro seja um dos assuntos mais controversos em nossas mentes. Obviamente tem muita gente que lida bem com esse assunto, mas cruzei com muita gente que se atrapalha no sentimento do desejo versus a permissão para agirem em prol dele.

8

É difícil ser simples

Um **vida simples** não significa uma vida simplória. Demorei algum tempo para entender essa diferença, e a busca por encontrar uma forma de vida mais simples me obrigou a não seguir determinados conceitos sociais de um ser humano produtivo. A ideia de que nós só temos valor se estivermos produzindo algo começou a ficar muito cansativa para mim.

Pode parecer pequeno, mas uma questão de palavras já demonstra essa realidade. Como comentei no começo do livro, os dias em que trabalhamos são considerados "dias úteis", e aqueles nos quais não trabalhamos são considerados o quê? Inúteis? Não fazer nada pode, às vezes, significar muito. A vida real me parece um grande fluxo entre acelerar e desacelerar. Impulsão e retração. Barulho e silêncio.

Não me iluda!

Uma vida mais simples também não significa necessariamente abrir mão de dinheiro, reconhecimento profissional, alta performance, foco em resultado. O problema é que o mundo clássico da autoajuda e do coaching tem nos exigido viver apenas para esses assuntos. Nos deixam com a ideia de que a vida só vale a pena se formos bons em tudo o que fazemos. O tempo todo. Só seremos recompensados se vivermos na exaustão. Mas eu comecei a me questionar: a alta performance está na complexidade das escolhas do tipo de vida que quero levar ou no resultado daquilo que me proponho realizar? Começou a me parecer mais lógica a segunda opção. Portanto, faz sentido pensar que posso priorizar uma vida mais simples e, naquilo que eu estiver me propondo fazer, ser intenso, focado em resultado. Foi complexo demais quando eu exigia resultados de mim mesmo o tempo todo. Ficou longe de uma vida simples.

Durante muito tempo trabalhei nos meus livros, cursos e palestras com a expressão *Go Hard* "vá forte!", mas hoje sei da importância de também ir devagar. Ambas têm valor. Ambas têm ganhos quando estão sendo executadas. E ambas causam danos se forem vividas isoladamente. Trata-se mais de adequação ao momento de vida de cada um do que a um conceito dito por algum mensageiro que quer me ensinar como viver sem sequer saber aquilo que realmente me move.

Para entender melhor o que é uma vida mais simples para cada um, é importante compreender o preço financeiro e emocional que se paga para ter a vida que se deseja e, principalmente, o preço que se paga para sustentar essa vida desejada. **O custo de subir os degraus da vida é alto. E** eu não estou aqui querendo fazer uma apologia ao sucesso, dinheiro, reconhecimento e outros tantos aspectos derivados de uma vida profissionalmente bem conduzida. Espero que já tenha ficado claro para você nesta altura do livro que acredito que aquilo que for importante para você, dentro do conceito ético de boa convivência, você deve ir atrás. Quando me refiro ao preço pago para sustentar a vida desejada, estou fazendo uma análise das questões financeiras específicas e de imagem, que tem um alto custo emocional.

Financeiramente é mais óbvio pensarmos no preço pago para sustentar. Acho estranho quando vejo uma pessoa que compra um carro de luxo e na sequência reclama ou até mesmo recusa uma viagem por causa do preço do combustível. Quanto mais alto for o preço das aquisições, mais alta será a quantidade de dinheiro necessária para as devidas manutenções. E o risco de uma perda direta ao fazer essa escolha é de ter que continuar trabalhando muito, pois o custo fixo cresce a cada ano. Muitas pessoas não conseguem mais desacelerar ou negar algum tipo de trabalho, pois ficaram reféns dos seus altos custos de vida. Mas esse me parece um entendimento mais fácil de fazermos. Cabe a cada um escolher o quanto vale a pena assumir aquisições cada vez mais elevadas.

A perda emocional, que costuma estar menos na consciência, se dá no momento que precisamos sustentar a imagem que estamos criando de nós mesmos para os outros. Uma pessoa que compra roupas de marca, anda em carros de luxo, utiliza acessórios caros e etc., ao longo de um curto tempo, passa a ficar com a imagem justamente nesse sentido. Uma vez sendo reconhecida como uma pessoa de sucesso financeiro, acaba ficando aprisionada nessa imagem. Como essa pessoa pode "retroceder" e mudar os hábitos? O que as pessoas pensariam? Essas perguntas costumam fazer parte do imaginário desse perfil de pessoa (que chegou nesse patamar financeiro e encontra-se repensando seus valores). A parte boa desse tipo de pergunta é que as pessoas na volta estão pensando muito pouco a respeito de você. Ninguém é o centro das atenções. E qualquer mudança de hábito percebida logo se torna esquecida. Só que o ser humano é uma espécie viciada em reconhecimento. Construímos o sentimento de pertencer através do reconhecimento, e isso começa a desenvolver um ciclo de necessidades cada vez maior de forma a sustentar a visibilidade desse crescimento.

Por exemplo, se uma pessoa troca de carro a cada dois anos, adquirindo cada vez um carro melhor que o anterior, chega a um ponto em que se sente no compromisso de manter esse ritmo. Essa pessoa percebe amigos trocando de carro e não questiona sua real necessidade. Ela precisa manter a posição de alguém que está sempre com um carro melhor. Pode ser assim com roupa de moda e, atualmente, vemos muito com eletrônicos. E sustentar uma imagem assim é caro, as pessoas acabam reféns de trabalhos na busca por mais e mais dinheiro. Obviamente não sou contra a troca de carros. Mas sou contra quando isso é feito de uma forma não refletida.

Lembro de uma situação em uma conversa com um familiar quando escutei a frase "Eu preciso trocar de carro". Chamou-me a atenção da presença do verbo "precisar". Eu fiz a ele três perguntas:

1) Existe algum carro que você está muito interessado em ter no momento?

Gabriel Carneiro Costa

2) Seu carro atual está lhe incomodando?

3) Seu carro atual está tendo muito custo de manutenção?

Ao ouvir a negativa para as três perguntas, resolvi devolver a afirmação em forma de questionamento: "Então, por que você precisa trocar de carro?".

A resposta imediata foi algo do tipo "se eu não trocar, vou acabar ficando muito distante de um carro melhor". Voltei a questionar: "Não entendi. Qual carro melhor? Você não disse que não tinha nenhum carro que estivesse desejando?". E resposta foi: "Ah, sei lá, um carro que no futuro eu possa querer".

Não lhe parecem estranhas essas respostas? É a prova do nosso modelo automático, não refletido. Como pode alguém despender dinheiro porque, talvez, no futuro venha a querer um carro? Eu não sou especialista em questões financeiras, mas é fácil perceber que cada dinheiro posto em um carro se desvaloriza a cada ano, e cada dinheiro posto em uma aplicação cresce a cada ano. Então, não parece lógico que juntar o dinheiro faria com que essa pessoa estivesse mais próxima de um carro no futuro?

Essa conversa seguiu e, em um determinado momento, a pessoa comentou: "Pois é, acho que não preciso trocar de carro". Esse é um ganho de consciência, quando questionamos o que precisamos (falaremos mais sobre isso no próximo capítulo). Se essa pessoa estivesse muito interessada em um carro específico, sendo um desejo intenso e realmente estivesse em condições financeiras favoráveis para a compra, então eu recomendaria que comprasse. A questão aqui não é comprar ou não, mas sim refletir.

Houve uma época em minha vida que fui apaixonado por carros. Ainda gosto até hoje, mas não tenho mais a mesma fascinação. Lembro de fases em que não media esforços para ter o carro mais caro que pudesse ter. Dormia mal, preocupado com as contas, pois o carro havia consumido demasiadamente o meu fluxo financeiro. A alegria e o prazer de dirigi-lo ou a vaidade de exibi-lo ocorre durante o dia. À noite, no silêncio da vida real, os temores e as ansiedades tomavam conta. Não podia perder clientes. Era inadmissível negar uma proposta que não me fizesse sentido. Eu não tinha a menor condição de trabalhar um pouco menos e curtir outras coisas. Eu precisava ganhar mais e mais. Precisava manter este carro e, obviamente, já estava de olho no próximo. Talvez eu volte a ter carros caros, mas para esse tipo de comportamento eu não quero nunca mais voltar. Lembro de ouvir uma pergunta de um amigo mais velho, meu mentor, e que só fui entender muitos anos depois: "se com essa idade você já anda com este carro, qual carro vai lhe satisfazer quando tiver a minha idade?"

A vida mais simples precisa, antes de mais nada, ser uma escolha. E toda escolha tem suas renúncias. E a vida mais simples também não é construída somente pela ampliação de consciência sobre o consumo e os custos financeiros. Ela também se refere às nossas agendas e às escolhas que fazemos diariamente para ocupá-las.

Estamos em uma geração que reclama da escassez de tempo. Mas a única coisa que não mudou com o passar dos anos foi o tempo. Seguimos tendo dias de vinte e quatro horas, semanas de sete dias e anos de trezentos e sessenta e cinco. O que mudou foram as demandas, que não cabem mais nessa escala de tempo. Pouco adianta fazer curso de otimização da agenda se não houver perdas necessárias.

Não temos tempo para tudo o que a vida moderna nos exige. E, novamente, não me iluda ao tentar me vender a ideia de que uma vida que valha a pena é uma vida lotada de tarefas. É necessário tomar muito cuidado com a vida vazia que pode surgir através de uma vida muito ocupada.

Precisamos, no meu ponto de vista, começar a questionar de forma urgente esse modelo social que nos provoca a viver em total aceleração. Dizem que precisamos consumir o máximo que pudermos. Precisamos nos desenvolver todos os dias. Será?

Uma vida mais simples só ocorre se for constantemente refletida.

9

Você precisa mesmo disso?

Antes de trabalhar com questões ligadas ao comportamento humano, eu fui sócio de uma agência de marketing durante sete anos. Nos últimos três anos em que estive dividindo a gestão com um sócio nesse negócio, a empresa se especializou em ponto de venda. E o que faz uma agência de marketing especialista em ponto de venda? Tudo o que for necessário para que você, consumidor, compre. Precisando, ou não. Na realidade, eles não querem que você reflita se precisa, ou não. E acredite: muitas coisas são feitas em um ponto de venda para que você compre por impulso algo que não precisa, às vezes gastando um dinheiro que mal tem.

No capítulo anterior, levantei algumas questões ligadas ao consumismo, mas o propósito estava conectado

Não me iluda!

com a questão de uma vida mais simples. Agora minha intenção é refletir sobre os bastidores de uma parte do mercado que só está interessado em faturar mais.

A quem pode interessar uma população que questione antes de consumir?

Conheci muita gente legal no mercado de marketing, das quais algumas tenho saudade. Também fui muito feliz e muito orgulhoso em uma série de trabalhos que fizemos. Mas chegou um momento que eu realmente comecei a entrar em uma espécie de crise moral interna. No meu ponto de vista, havíamos ultrapassado a linha tênue entre promover um produto e forçar uma compra não pensada por parte do consumidor.

Acredito que o ápice dessa crise ocorreu em uma época onde atendíamos uma marca de vodka muito conhecida. Nós nos tornamos especialistas em desenvolver métodos para que as pessoas trocassem o consumo de cerveja por vodka durante as festas. Viramos especialistas em fazer as pessoas beberem mais do que pretendiam. Estudamos e nos tornamos bons nisso. Nossas campanhas aumentavam significativamente os números de venda de um determinado local depois que eram iniciadas. Éramos vistos no mercado como responsáveis por um trabalho de sucesso. Ganhamos a confiança do cliente. Ampliamos a abrangência do trabalho. Recebemos prêmios específicos do mercado de marketing.

Parecia tudo andar bem. Mas em uma noite vi uma pessoa ficar bêbada de tanto tomar vodka. Uma vez, não, várias vezes. Porém, certa noite vi uma pessoa, no caso uma mulher, de tão alcoolizada levar um tombo e se machucar feio. A desorientação causada pelo álcool era tão intensa que ela sequer conseguiu levantar. Desculpe se isso lhe parecer nojento, mas se torna necessário contar a história completa. A mulher estava deitada, machucada e começou a vomitar. E eu sabia que, de alguma forma, eu havia causado aquela situação. Há pessoas no mercado de marketing que não enxergam dessa forma. Mas eu enxergava, e aquilo era o suficiente para começar a questionar.

Portanto, não me iluda dizendo que o marketing não cria necessidades para as pessoas. Esse papo de que a necessidade sempre existiu e que o marketing apenas a promove fica extremamente frágil nesse momento. Tenho muita dúvida se a imensa quantidade de pessoas que ficaram alcoolizadas ao longo das campanhas tinham de fato essa demanda represada internamente.

Também não me iluda dizendo que a marca de vodka não pode ser responsável pelo fato de a pessoa ter ficado bêbada. Fica difícil sustentar isso quando há, nos bastidores, diversas ações eficientes para que o consumo seja aumentado. Estratégia de preços, campanha de incentivo para garçons, estímulos visuais, aromas específicos colocados no ambiente, promotores e animadores dispostos a estimular o consumo e degustações estrategicamente calculadas sendo executadas. Haja recurso interno para negar tudo isso e apenas beber socialmente. É claro que a decisão de beber ou não é do consumidor, mas não acredito que o marketing deva lavar as mãos no momento em que os excessos se manifestam.

Mas não paramos na vodka. Usamos todo nosso conhecimento para criar técnicas de venda de imóveis. Desde atores em fila de espera e estudos de circulação no stand de vendas até treinamento para trabalhar com a escassez e o senso de oportunidade. Se o cliente entrou no plantão de vendas, ele tinha que comprar. Fomos tão bem sucedidos que batemos um recorde nacional de venda de imóvel no intervalo de tempo de uma hora.

A reflexão deste caso surgiu quando uma pessoa da família da minha esposa, sem saber que eu estava por trás daquela marca, se queixou em um encontro de que havia comprado um imóvel que, na verdade, não poderia ter comprado. Estava sem condições de continuar pagando e não estava conseguindo vender.

Na visão do cliente, havíamos feito o que tinha que ser feito: vender sem deixar tempo para o cliente pensar. Na visão dessa compradora em específico, aconteceu o que não podia ter acontecido: usaram a fragilidade dela para "enfiar goela abaixo" um imóvel incompatível com sua renda. Será que foi o marketing que promoveu uma demanda que já existia dentro dela? Será que foi apenas por fraqueza dela que essa venda foi feita? Sei que muita gente dirá que sim, e outras tantas trarão outros argumentos para debater essa questão. Mas, para mim, uma coisa fica clara: muitas marcas não querem que você pense.

Fico empolgado quando vejo ações de marketing mais humanas, mais reais e que despertem a reflexão. Deixar o cliente fazer suas escolhas. Mostrar ser uma marca que verdadeiramente dialoga com o seu público. Vejo esse tipo de comunicação e relacionamento crescendo, e isso me conforta. Acredito que isso seja uma tendência, mas até que esse tipo de posicionamento seja maioria, muita gente seguirá comprando coisas das quais não precisa.

Para não ficar somente nas estratégias de ponto de venda, as marcas precisam parar de fazer promessas lon-

ge de serem reais. É muito ilusório assistir a propagandas na TV que me fazem chorar e depois, na experiência como consumidor, sentir-me totalmente desconsiderado. Os investimentos em imagem ainda são muito maiores do que os investimentos em pessoas e atendimento. Infelizmente, ainda vejo muitas empresas que estão muito mais interessadas em me atrair como um novo cliente, do que em me atender bem. E é nesse momento em que me sinto muito enganado quando leio ou escuto mensagens institucionais de que determinada marca está preocupada comigo.

Recentemente, tive uma experiência pequena, porém marcante. Sou um apreciador de vinhos e fui até uma loja em busca de novos rótulos para experimentar. Fiquei curioso sobre um vinho em específico que havia lido em uma reportagem. Era um vinho mais caro do que eu estava acostumado a comprar. O vendedor me perguntou quais vinhos eu tinha o hábito de consumir. Quando contei meu tipo de consumo, ele argumentou que não valeria a pena comprar a garrafa que eu segurava na mão. Ela seria muito cara, e eu provavelmente iria seguir preferindo outros de valores menores. Isso é foco no cliente. De verdade.

Também lembro de ver o caso de uma marca de roupas masculinas que, em plena *Black Friday* (que nada mais é do que uma campanha que utiliza o senso de oportunidade e escassez para gerar venda), colocou uma etiqueta com a seguinte frase: "Não compre o que não precisa. Pense duas vezes antes de comprar qualquer coisa". Isso é ousado. Mas é real, faz bem, e eu gosto.

Uma boa referência para identificarmos que estamos menos consumistas é quando renunciamos a algo que podemos facilmente comprar. Poder comprar algo, mas não o fazer, parece um belo sinal de maturidade e controle financeiro. Ser contra o consumismo de algo que não se tem dinheiro para consumir me parece raso, afinal não é prático.

Cada pessoa que ganhou dinheiro (independente da quantidade) de forma honesta merece gastá-lo da forma como bem entender. Também reconheço que hoje temos uma infinita possibilidade de comprar coisas que realmente facilitam ou agregam em nossas vidas. Por isso, acredito que temos o direito de comprar algo que seja verdadeiramente importante, mesmo que seja muito caro. Mas também temos o dever de não comprar algo que não seja importante, mesmo que seja muito barato.

Consumir ou não consumir, precisa ser uma escolha, não um modismo ou um impulso. Sugiro que questione toda vez que encontrar uma mensagem querendo lhe provar que você precisa muito de algo.

Precisamos ter mais, para sermos mais?

10

As redes pouco sociais

Nas redes sociais somos todos felizes. O comportamento das pessoas nessas redes ainda é um bebê recém-nascido. Estamos muito longe de atingirmos uma certa maturidade. Aliás, ainda nem entendemos muito bem para que servem as redes sociais. Eu participo de várias delas, faço posts, comentários e navego em horários mais vagos. Mas por quê? E, principalmente, para quê?

Tornou-se mais importante "parecer ser" do que "ser". Todos querem aparentar que a vida perfeitamente idealizada é possível. É difícil ver pessoas se expondo nas redes sociais compartilhando seus medos, angústias, erros, fracassos, arrependimentos, desistências... Mas também podemos pensar que as pessoas, de forma geral, não compartilham isso em nenhum lugar – e, portanto, não seria diferente na internet. Ok, faz sentido, mas também ninguém se exibe tanto sobre seus momentos de sucesso, felicidade, orgulho e alegria em outro local que não seja a internet.

Parece que se tornou quase um imenso sentimento de pertencer. A gente vê pessoas postando sobre casamentos felizes, férias incríveis, filhos lindos, metas alcançadas, sonhos realizados, e então nos causa uma certa pressão interna. Pela minha observação, essa pressão (que nem todo mundo sente, mas aqueles vorazes de redes sociais certamente sentem) tende a ir para dois caminhos possíveis.

Em uma primeira impressão, há sentimentos de inveja e cobrança por si mesmo. Como esse idiota ganha dinheiro, e eu não? Como essa incompetente foi promovida, e eu sigo no mesmo lugar? Como esse casal que mal fica junto está declarando amor, e meu marido nem me abraça mais? Como o fulano conseguiu dinheiro para fazer essa viagem, e eu nunca saí do meu país? Surge uma inquietação que mexe com nossa autoestima. Somos capazes de viver a vida que sonhamos? Ou isso é apenas um privilégio de alguns?

Quando comparamos a nossa vida com a dos outros, estamos somente comparando o destino. Não há uma avaliação sobre o caminho e tudo o que foi feito para que pudesse chegar nesse lugar. E, pior, nas redes sociais estamos comparando aquilo que é a melhor versão do outro com a grandeza da nossa própria vida. Comparamos um pequeno, mas muito pequeno, fragmento da vida dos outros com a imensidão da nossa própria jornada.

Toda vez que estou com um cliente em um momento triste, com um clima depressivo, sugiro que o mesmo não fique navegando nas redes sociais. É de cortar os pulsos! A famosa frase "a grama do vizinho é mais verde" atualmente é adaptada para "na foto das redes sociais do meu vizinho, até o céu é mais azul".

Coincidência ou não, quando comecei a escrever este capítulo recebi um e-mail de uma pessoa que eu conheço (sim, tenho dificuldade de ficar focado e paro no meio do livro para ler e-mails) relatando seu profundo momento de tristeza e frustração. Em um determinado ponto, ela comenta que percebe que as pessoas à sua volta "estão conseguindo encontrar os seus caminhos", e ela não. Será? Será mesmo que tem tanta gente vivendo uma vida sem tristeza e frustração? Não quero mais me iludir acreditando que o sucesso daquela pessoa que eu invejo quando leio algum post bem sucedido nas redes sociais não tenha por trás outros aspectos que a torne tão normal quanto eu.

Mas uma enxurrada de posts de autoajuda, coaching e outros modismos também invadem minha timeline e me provocam a levantar e gritar que sou capaz! É quase como uma pílula de placebo que posso pegar grátis na internet. Não seria interessante uma mensagem do tipo "saia daqui e vá fazer o que tem que fazer"? É somente na ação que a vida se transforma!

Outra questão presente nas redes sociais é a necessidade de buscar aprovações. Queremos provar que pertencemos a esse grupo seleto de pessoas bem vividas. Também precisamos mostrar que trocamos de carro, que vamos a bons restaurantes, que fomos a lugares legais, que conhecemos pessoas importantes etc. No jogo intenso da vida idealizada, precisamos provar que estamos no páreo.

O que faz uma pessoa sair de férias, investir uma

Não me iluda!

quantia de dinheiro para conhecer um lugar novo e passar todo o tempo fazendo posts? *Olha eu aqui, olha eu ali...* Sério, qual o objetivo? Qual sentimento irá aflorar mais: amigos felizes pela felicidade do viajante, ou "amigos" invejando? Também não me iluda mais com esse papo de não invejar os outros. **A inveja é inerente ao ser humano.** O problema não é a inveja em si, mas sim, o que eu faço com ela. E se algum amigo meu visita um lugar que eu gostaria muito de conhecer – mas não tenho condições de fazer o mesmo –, o meu primeiro sentimento é inveja. Depois, se for mesmo um amigo, fico feliz por ele e busco pensar o que eu posso fazer para também chegar nessa experiência. Mas, o mais normal quando alguém se exibe, é ter do outro lado alguém invejando.

Penso, inclusive, que um sinal de intimidade profunda é quando eu consigo olhar (sim, olhar nos olhos mesmo, e não nas redes) para um amigo e poder dizer: "Cara, eu invejo isso na sua vida". Só o amor e a autenticidade abrem espaço para isso. Mas vou deixar para tocar nesse assunto mais para frente no livro.

Retomando: e como eu posso mostrar que encontrei um caminho e também consegui viajar? Postando minhas melhores fotos na próxima viagem. E, dessa forma, vamos criando um ciclo sem fim de pessoas expondo seus momentos para, então, se sentirem pertencentes a um grupo de pessoas que às vezes mal conhecem.

Lembro de uma vez, em um Dia dos Namorados, onde eu e minha esposa estávamos viajando. Tínhamos ido para um lugar mais romântico justamente para comemorarmos silenciosamente aquele momento. Somente no outro dia eu resolvi navegar um pouco nas redes sociais e me deparei com uma quantidade imensa de pessoas postando fotos dos seus amores. Todos apaixonados. Todos fiéis. Todos isentos de crises. Estavam lá, declarando afeto no 12 de junho.

Tenho certeza de que muitos estavam sendo o mais verdadeiros possíveis. Acredito no amor, na cumplicidade, no casal que cultiva o clima de namoro. Mas também acredito em muita gente mais preocupada em mostrar que é um bom namorado (ou namorada) do que sendo. Imagino a quantidade de pessoas que fizeram posts lindos, mas tiveram um dia igual a todos os outros.

Lendo tudo aquilo me senti não "pertencendo". Eu não havia feito post algum. Não tinha declarado amor à minha mulher. Não tinha postado nenhuma foto, nenhum poema, nenhuma letra de música. Um sentimento de ansiedade me ocupou. E agora? Será que as pessoas vão pensar que eu não amo mais minha parceira? Será que vão pensar que eu não comemorei o Dia dos Namorados?

Mas o fato é que as pessoas não estão dando a mínima. Ninguém entrou naquele dia para ver quem estava postando. As pessoas entraram nas redes sociais olhando somente para elas mesmas. Você saberia identificar um amigo seu que não postou nada sobre o seu amor naquela data comemorativa? Imagino que não. Não estamos controlando os outros. E, portanto, ninguém está assim tão preocupado com a gente.

Essa coisa de precisar de reconhecimento nas redes está ficando tão maluca que muitas vezes fazemos um post e logo em seguida queremos saber como foi a audiência. Qualquer tipo de efeito positivo que uma postagem possa causar é tão fugaz que rapidamente precisaremos de um novo post. Além disso, muitas vezes postamos algo e depois ficamos atentos se alguém em específico visualizou ou comentou. É a maior evidência do quanto usamos as redes sociais, em algum momento, para provar aos outros algo pessoal.

E, por fim, também é importante saber que por trás das redes sociais das quais participamos existe uma série de algoritmos que entendem exatamente o tipo de informação que costumamos gostar. Com o tempo, o sistema fica tão inteligente que nos entrega tudo aquilo que justamente vamos ter afinidade. Os amigos que mais aparecem na nossa timeline são aqueles que o sistema já entendeu que são os amigos que mais costumamos ler, compartilhar ou comentar.

Isso faz com que a gente acabe ficando restrito a assuntos que, de alguma forma, convergem conosco. Ficamos limitados a um ponto de vista sobre cada situação e corremos o risco de interpretarmos que todos pensam como nós. E isso nem sempre é uma verdade. Aquele amigo da rede que posta algo que você nem sequer lê, de tanto que não gosta, tende a sumir da sua tela com o passar do tempo. Cada um na sua bolha, convicto de que está certo e de que faz parte da maioria.

Concluo este capítulo convidando você a refletir sobre seu comportamento nas redes sociais e, principalmente, as suas interpretações da vida alheia feitas através de uma pequeníssima amostra do mundo real de cada um. O ser humano é muito maior, e suas jornadas são muito mais complexas do que suas opiniões e exibições nas redes. Cuidado para não perder um amigo somente por algo que ele postou. As relações íntimas são muito mais profundas do que isso.

11

Não nos ensinaram a errar

O **medo de errar** fez parte da minha geração – e acredito que das anteriores à minha também. Lembro claramente de crescer na cultura onde a busca era justamente a de não errarmos. Errar era humano (mas não muito tolerável), e repetir o erro era burrice. A tensão por não errar também me fazia ousar menos. Fazia com que eu andasse mais dentro dos parâmetros que me pareciam corretos. E funcionou. Não me arrependo de ter sido assim. Mas aprendi com o passar do tempo e com a chegada de novos modelos de gestão e novas gerações que existe uma forma mais criativa e livre.

A ideia de que "é errando que se aprende" parecia complexa demais para uma geração que não podia errar.

Não me iluda!

Além disso, não acredito que seja errando que se aprenda, mas sim refletindo sobre os erros. Parece uma simples mudança de palavras, mas na prática faz muita diferença. **Ao focarmos no plano de que é errando que iremos aprender, toda a energia de observação está no erro em si.** Mas, quando entendemos que é a capacidade de refletir sobre o que ocorreu que nos faz realmente crescer, então o foco passa a ser a própria reflexão.

Não se trata do que a vida fez com você, mas o que você fez com a vida depois do que ela fez com você. Ou seja, o erro deixa de ser fim e passa a ser meio. Gerações anteriores tinham o erro como um fim não desejado, e o risco das gerações atuais é considerar que o erro possa ser um fim desejado. Logo, não é promover o erro e nem mesmo dar ênfase a ele, mas sim entender que ele faz parte do processo.

Ao mesmo tempo, sinto-me em uma geração de transição. Na minha essência não me ensinaram a errar, mas por outro lado, o mundo moderno me diz que nem mesmo posso ficar incomodado com o erro. Parece perigoso quando vejo, principalmente em processos de mudança, coaches querendo transformar os erros dos seus clientes em vitória. Mensagens do tipo "só os campeões erram", "você só erra porque é ousado" ou "valorize os seus erros", embora sejam verdadeiras, quando usadas isoladamente podem nos atrapalhar. Errar é ruim. Pelo menos para mim, segue sendo ruim. Já tive muitos clientes incomodados ou envergonhados com seus erros, mas se sentindo sem condições de assumir.

Errar é ruim, perder é ruim, fracassar é ruim. Não me iluda ao tentar evitar que eu sinta um sentimento

negativo quando isso ocorre. Deixe-me curtir a tristeza, a raiva, a frustração para que, na sequência, eu consiga refletir sobre o que ocorreu. Por isso, cansam-me as mensagens que querem me livrar da dor e tento me conectar mais com as mensagens que me fazem refletir, vivenciando a dor. Este é o gatilho da aprendizagem através dos erros. O que não significa que devemos tolerar erros. Existem circunstâncias onde o erro seguirá não sendo possível. A última coisa que eu gostaria de vivenciar é um cirurgião cardíaco criativo com alta permissão interna para errar durante um procedimento cirúrgico em mim.

A minha intenção, neste momento do livro, não é fazer com que você permita que os outros errem, mas sim, gerar uma permissão para você mesmo testar, errar e refletir, dentro de um cenário que julgue viável. Fazer a pergunta "qual o real dano de um erro aqui neste cenário?", pode ajudar a compreender que muitas perdas são imaginárias e, portanto, ansiogênicas, impedindo nosso processo de livre desenvolvimento.

Errar é humano e repetir o erro é mais humano ainda. Quem nunca se pegou errando a mesma coisa diversas vezes ao longo dos anos? Quantas vezes você prometeu que nunca mais cometeria determinado tipo de erro e, quando viu, lá estava ele presente? A questão-chave é que precisamos aprender a errar. Sim, aprender a errar. O que quero dizer com isso? Existe uma grande diferença entre agregar valor e extrair valor. Na primeira situação, estamos inserindo algo novo em um determinado cenário e julgamos que isso servirá para aprimorá-lo. É um processo de soma. Já a ideia de extrair valor é diferente. Ela não trabalha com associação. Extrair valor não é, necessariamente, se manter conectado a algo, mas refletir qual o real valor daquilo que tive.

Não vejo a menor condição de agregar valor a um erro, pois uma vez errado, o nosso maior sentimento é de nos livrarmos do que nos fez errar e partirmos para uma nova tentativa. Mas quando buscamos extrair valor de um erro, então eu me torno um observador da própria experiência de ter errado. Consigo me enxergar durante o processo e somente saberei que extraí valor quando tiver algo concreto de percepção que me faça agir diferente na próxima tentativa. Pode ser que eu erre novamente, mas uma vez que um valor foi extraído ou aprendido, a próxima tentativa já não é mais a mesma da anterior.

É quase como um processo de aprender a aprender, depois aprender a desaprender e, por fim, aprender a reaprender. Dinâmico e livre, com todas as suas boas e más consequências.

12

O amor sem legendas

Vejo **muitas vezes** o processo de coaching e as mensagens de autoajuda passando a ideia de que precisamos amar tudo o que fazemos. "Faça tudo com muito amor" é uma ilusão que tentaram me vender e muitas vezes me deixou culpado por não conseguir vibrar nessa energia poética, mas pouco prática. É impossível fazer tudo com amor. Mesmo que a gente tenha o privilégio de ter uma carreira que amamos e nos sentirmos amados e amando pessoas à nossa volta, ainda assim existirão tarefas que não amamos.

Eu amo a profissão que tenho, mas quando acordo às quatro horas da madrugada em um dia frio e chuvoso para pegar um voo e ir palestrar do outro lado do país, eu definitivamente não amo. Naquele instante, aquela tarefa está longe de ser amorosa e, portanto, não me iluda dizendo que eu realmente preciso estar amando tudo para que minha vida seja feliz. Provavelmente estarei com sono e com algum grau de mau humor. E isso não significa que eu não me dedique com amor a outras tantas coisas que envolvem a minha vida.

Eu amo minha esposa, meu filho, meus pais. Mas não consigo amar tudo o que eles fazem. Há momentos em que me irrito, me frustro, me decepciono. E da mesma forma isso acontece com eles em relação a mim.

O amor não é um estado linear planejado. O amor é algo vivencial, com potência de acordo com cada momento e circunstância. Viver na busca por esse amor contínuo é desvalorizar tudo aquilo que eu verdadeiramente amo. Os sentimentos opostos são necessários para que o entendimento deles próprios possam acontecer. Eu só sei o que é tristeza quando também sei o que é alegria. Só compreendo o medo em mim quando reconheço a coragem também em mim.

Nessa mesma lógica, eu só vibro a energia do amor porque posso comparar outras tantas coisas e vivências que me geram ódio. E não estou aqui me referindo ao ódio de forma intensa, mal intencionada e que faça mal aos outros. Refiro-me àquele momento em que precisamos fazer coisas que definitivamente não queríamos estar fazendo; aos momentos de ódio que possamos sentir pelas nossas próprias frustrações. Ódio até mesmo de pessoas que amamos. Isso me faz lembrar um trecho da música *Quase Um Segundo*, dos Paralamas do Sucesso: "Às vezes te odeio por quase um segundo, depois te amo mais".

Não deveríamos ter vergonha de estarmos sentindo algo, seja positivo ou negativo. **Na esfera do sentir, tudo é possível.** Os problemas ocorrem na esfera da ação. O que fazemos ou falamos é o que pode gerar conflito com os outros. E, ainda pior, há pessoas que sequer se permitem sentir algo. Seja ódio e amor, tristeza e alegria, medo e coragem ou outros tantos possíveis na nossa rotina, às vezes ocorre de o sentimento não poder estar nem mesmo no nível de consciência.

Certa vez, lendo um livro sobre amor, o autor (neste caso, o mensageiro) convidava o leitor a buscar uma forma de não sentir mais os sentimentos negativos. Será mesmo que é possível? Eu nunca consegui chegar nem perto deste ponto dito de iluminação. Posso passar horas em processos meditativos buscando acalmar a minha mente, mas em algum momento a vida real volta a agir de forma a me causar desconfortos e algum grau de sentimentos negativos. E o que eu aprendi foi a deixá-los estarem presentes em mim. **Não me torno menos espiritualizado (ou evoluído espiritualmente) no momento em que me reconheço com medo, tristeza ou ódio.** A minha evolução espiritual justamente ocorreu quando entendi que eu sou tudo isso. Completo.

E quanto mais deixarmos os sentimentos naturais estarem presentes em nós – e, novamente, isso não significa que possamos fazer o que quisermos com eles –, mais deixaremos fluir o amor mais autêntico, intensamente vivido.

Na grande maioria das famílias de bem, o amor é um sentimento ensinado. Crescemos ouvindo que é bonito amar as pessoas, amar os pais, amar os irmãos. Com frequência ouvimos a pergunta: "Você ama sua mãe?". O que um filho vai responder? É lógico que sim. E também é muito provável que seja mesmo verdadeiro. Mas o amor na nossa base é ensinado, é conduzido. Em raras culturas o ódio é ensinado, por exemplo. Difícil ver uma família estimulando que uma criança odeie algo ou alguém. Ensinamos a coragem, mas falamos pouco sobre o medo. Promovemos a alegria, mas temos dificuldade de lidar e dialogar com a tristeza. Mas somos todo esse conjunto, e é somente ao longo da caminhada individual que vamos sentindo e nomeando todos esses sentimentos, por isso a importância da consciência livre sobre eles.

E, de todos esses sentimentos, acredito profundamente que o amor é, de fato, o maior e mais transformador de todos eles. Percebi, ao longo de anos atendendo pessoas, que o amor é a fonte das mudanças mais profundas do ser humano. Dediquei-me tanto a esse assunto que em 2015 lancei um livro voltado às mudanças baseadas em uma consciência de amor maior (*Ponto Ágape*). Na maioria das vezes, as pessoas mais fragilizadas que passaram pelo meu trabalho sofriam alguma questão ligada à ausência do amor, ou ao fato de não se perceberem amadas. Quem ama pode manifestar isso de várias formas, e terá um imenso valor para quem recebe. **Mas, a mais eficiente das formas de demonstrar amor é sem legendas.**

A expressão "amor sem legendas" surgiu durante um atendimento. Eu não atendo crianças, mas sim os adultos que elas se tornam. E dessa forma percebi que a capacidade de compreender, interpretar e manifestar o amor está diretamente ligada à infância. Obviamente, temos a total condição de questionar, refletir e mudar a forma como lidamos com o amor que sentimos e com o amor que recebemos ao longo da vida. Mas as primeiras relações amorosas (geralmente com os pais) influenciam muito o entendimento do sentimento que será o mais essencial durante toda nossa caminhada.

Quantas vezes você escutou ou até mesmo disse a frase "É a minha forma de demonstrar amor"? Isso é amor com legendas. Não significa que não seja verdadeiro e não tenha valor, mas é legendado. Quem recebe, precisa aprender a traduzir para então se sentir amado.

"Levei anos para entender que era a forma de amar do meu pai."

"Aprendi com a minha mãe que isso é amor."

"Eu sei que ele me amava, embora nunca tenha dito."

"Nunca ouvi que ela me amava, mas era ela quem não sabia dizer."

Poderia listar dezenas de frases que provam isso que resolvi chamar de amor com legendas. Crescem adultos que misturam o amor com a confusão. A forma mais assertiva de demonstrar amor é dizendo "eu te amo". Simples assim. Mas não costuma ser fácil. Gestos afetivos, carinhosos, de proteção, de cuidado, de cumplicidade, entre outros tantos, é a forma relacional de mostrar que amamos. E quem recebe também precisa sentir, e não somente ouvir. Mas é a combinação dessas duas manifestações (falar em amor e agir com amor), quando verdadeiramente sentidas, que se tornam a experiência mais explícita quando o outro recebe.

O amor bem traduzido não gera dúvidas. É explícito. É sem legendas. Caso tenha nas suas relações alguma pessoa importante que você sabe que te ama, mas não tem a memória de um dia ter escutado "eu te amo", então você sabe a falta que isso faz. **O amor sem legendas é uma**

espécie de fome. Não importa o quanto a gente coma hoje, amanhã estaremos com fome novamente. E eu sigo acreditando que ouvir e sentir que é amado é o maior e mais sadio de todos os remédios.

Mesmo diante de crises, costuma ser o amor que dá o sentido ou até mesmo a condição para seguir adiante. Por que não nos conectarmos com essa energia desde sempre? Uma pessoa com quarenta anos de idade já teve seu coração pulsando mais de um bilhão de vezes. Já caminhou mais de vinte e sete mil passos. Já falou mais de quarenta mil palavras (ok, certas pessoas sobem muito essa média). Já derramou mais de vinte e cinco litros de lágrimas.

Mas isso tudo para quê? Quais motivos farão o coração pulsar mais um bilhão de vezes nos próximos quarenta anos? Para onde vamos caminhar os próximos vinte e sete mil passos? O que falaremos ao usar as próximas quarenta mil palavras? O que nos fará chorar os próximos vinte e cinco litros de lágrimas?

Teremos acertos e erros, vitórias e derrotas, sentiremos orgulho e vergonha. Mas, no fim, a maioria das pessoas quer mesmo é estar perto das pessoas que ama, tendo experiências profundas, que realmente alimentam nossa jornada. É no amor que nos tornamos imortais. Dizem que uma pessoa morre duas vezes. A primeira quando de fato morre, e a segunda quando a última pessoa, pela última vez, fala do nosso nome. Quando ninguém mais falar da gente depois que morrermos, estaremos morrendo pela segunda vez.

Temos uma determinada capacidade de influência na primeira morte, conforme o tipo de vida que levamos.

Já na segunda, a influência é ainda maior, pois depende diretamente daquilo que fizemos enquanto estávamos vivos. Muitas pessoas são lembradas por coisas ruins que fizeram em vida. Outras são lembradas por sua inteligência, genialidade ou característica inovadora. Há quem seja lembrado pela sua fama ou pelo impacto que causaram nas suas gerações. Mas também existem as pessoas que são lembradas pelo legado do amor. Essas costumam não apenas serem lembradas. Elas emocionam, mesmo não estando mais aqui. Elas se fazem presentes, disseminando a energia contagiante de amar.

Por isso, encerro este capítulo lhe convidando a cultivar primeiro o maior amor de todos, o amor-próprio. Somos completos em nossas qualidades e nossos defeitos. E, assim como amamos pessoas que não são perfeitas, não devemos deixar de cultivar o amor-próprio apenas pelas nossas críticas internas.

O amor-próprio sem legendas talvez seja o mais difícil. Nem sempre temos a permissão para poder sentir a sensação de amarmos a nós mesmos. **Amar a si não tem nenhuma relação com narcisismo ou egoísmo.** Essas duas palavras surgem na forma como nos relacionamos com os outros. Amar a si é reconhecer o valor próprio, é ter orgulho do que já se fez, é aceitar os erros que já cometemos.

O amor sem legendas é profundo e assertivo. O amor sem legendas é contagiante e inspirador. O amor sem legendas é o mais potente dos tranquilizadores.

13

"Dê sempre o seu melhor" (?)

Sempre?

Abro um artigo de coaching com aqueles títulos como "seu sucesso só depende de você" e, logo nas primeiras linhas, me deparo com uma espécie de jargão, principalmente no mercado de trabalho: "Dê sempre o seu melhor."

Que cansaço! Já me canso só de ler. Vou ali pegar um chá e já volto...

. . .

Tá bom, voltei!

Esta frase me traz algumas reflexões:

Como sei qual é o meu melhor? Quem será o julgador disso? Isso terá fim algum dia? É possível chegar a um lugar com a convicção de que não havia uma forma melhor que eu pudesse fazer? Sempre, neste caso, é sempre mesmo? Eu sou a única pessoa que, de vez em quando, faz algumas coisas meia-boca? Sou um extraterrestre por ter dias de preguiça?

Não me iluda! Não é possível dar o meu melhor o tempo todo.

Prefiro pensar quais assuntos e áreas de minha vida, no tempo presente, precisam da minha dedicação intensa em termos de qualidade. O que neste momento necessita da busca pelo meu melhor? Onde eu realmente preciso colocar energia para ser o melhor possível? Essas perguntas me conectam com o meu mundo e não com esse mundo idealizado de pessoas com alta performance o tempo todo.

No meu primeiro livro *O Encantador de Pessoas* (2013), escrevi sobre a necessidade de agirmos em prol dos nossos objetivos e, obviamente, continuo acreditando que é na ação que a vida se transforma. Mas foi no meu segundo livro *À Sombra da Cerejeira*, (2015) que também me dediquei a convidar as pessoas a darem pausas.

Não temos condição de estar em alta performance o tempo todo. É utópico e acaba causando um sentimento de culpa toda vez que estamos com preguiça, cansados ou simplesmente desejando andar mais devagar. De forma geral, temos a ideia de descansar para compensar os desgastes causados por uma rotina intensa de trabalho. É comum escutarmos algo como "estou exausto e precisando de férias". A pausa, o descanso e a desaceleração também podem ser usados como uma forma preventiva. Provocar um momento de parar como forma de nos mantermos empolgados e com energia.

O outro aspecto importante do "dê sempre o seu

melhor" é que, eventualmente, este conceito pode entrar em conflito com a ideia de que é permitido errar, como foi abordado no capítulo anterior, visto que dar o melhor, a princípio, tem relação com fazer da forma correta.

Eu fui um péssimo aluno na escola. Matemática e Física eram as disciplinas que eu mais odiava. Aplicar o objetivo de dar sempre o meu melhor nessas matérias nunca fez sentido para mim. Eu apenas queria passar de ano. Bastava tirar sete e estava tudo certo. Eu não precisava dar o meu melhor, pois meu interesse de vida não correspondia aos assuntos ligados à Física ou à Matemática.

Passaram os anos e vi que continuaram aparecendo muitas outras "físicas e matemáticas" na minha vida. Muitas vezes eu apenas queria cumprir com o necessário. Não precisava de tanta dedicação. Descobri que, em certas áreas, podemos buscar ser suficientemente bons. O "ótimo" eu prefiro deixar para os assuntos que me encantam e que realmente me movem para uma vida melhor.

Outro fator presente nessa busca por ser sempre o melhor, é a cobrança sobre o valor de fazer algo de forma espontânea. Temos o hábito de cobrarmos dos outros que determinada atitude ocorra espontaneamente. É comum existir a crítica que, se não for espontâneo, não tem valor. Mas isso é, novamente, uma ilusão. A espontaneidade é o fim do processo de aprendizado, e não o início. Só conseguimos agir espontaneamente com aquilo que já aprendemos.

Lembre a primeira vez que você foi dirigir um carro ou andar de bicicleta. Tensão e ansiedade, certo? No carro, existe a fantasia de que não conseguiremos fazê-lo andar. Temos dois olhos, e são três espelhos. Duas pernas, mas três pedais. Embreagem em uma intensidade, freio em outra, acelerador em outra. Preferimos não ligar o som e não falar com ninguém.

Já na bicicleta existe aquela tensão de que não conseguiremos nos equilibrar. É preciso encontrar o ponto de equilíbrio e ainda sincronizar com os pedais e guidão. O pensamento é de que iremos cair ou então que não conseguiremos parar e colocar os pés no chão.

Em ambos os casos, imagine que alguém chegasse para você e sugerisse que você precisa entrar no carro ou subir na bicicleta e sair a andar de forma espontânea. Impossível. Não existe essa possibilidade antes de aprender. E para aprender, é necessário treino. Aliás, muito treino.

No carro, você provavelmente treinou muito. Apagou o carro várias vezes, arrancou com o carro pulando, errou marchas. Eu me lembro de nessa fase treinar de forma bem disciplinada. Pensamentos do tipo: "Agora é hora de engatar a segunda marcha", "escute o motor e regule o acelerador", "agora é hora de frear", "solte devagar a embreagem". Eu dirigia o carro de forma técnica. Mas quem ainda dirige assim depois de anos que já aprendeu?

Depois que aprendemos, o ato de dirigir passa a ser tão espontâneo, que nem pensamos mais. O corpo simplesmente faz o que tem que fazer e o carro anda. Já teve momentos que isso foi tão forte que, quando vi, já havia chegado ao meu destino e pensava: "Como cheguei aqui?". Os pensamentos são tomados por outras questões e o ato de dirigir fica automático. Mas é assim hoje. Para chegar a esse nível, precisei treinar por um determinado tempo.

O treino nos leva ao aperfeiçoamento. O aperfeiçoamento nos leva à segurança. A segurança nos leva ao hábito. O hábito nos leva à espontaneidade. E assim funciona para todas as habilidades que quisermos exercer. Acredito que as pessoas nascem com predisposição para se darem melhor em determinadas áreas. Mas, a partir desse ponto, o que importa são as muitas horas de treino.

Considero curioso quando, após alguma palestra minha, alguém me dá um feedback dizendo que eu tenho o dom da palavra. Ou clientes que me elogiam dizendo que sou iluminado por conseguir ter insights tão profundos a respeito da vida deles.

Dom? Iluminado? Não me iluda! Eu não nasci assim. Eu fiz uma escolha de me desenvolver nessa área. Eu treinei. Muito. Mas o que mais me motivou ao longo desta caminhada, foi reconhecer que eu estava evoluindo. Estava conseguindo, aos poucos, ser melhor do que quem eu era no início dessa carreira.

Esses treinos nos geram experiência. É por isso que um treinador, um coach, um psicólogo, um mentor precisa estar engajado no plano de treino do seu aluno, ou cliente. Ninguém pode dar ao outro a experiência. Ela não está em uma caixinha. É preciso viver. Por esse motivo digo que espontaneidade é o fim do processo de aprendizado. Ela é quase uma chancela que comprova que de fato aprendemos.

Certa vez, estava assistindo a uma entrevista com um esportista muito reconhecido e o repórter perguntou: "Como você faz isso?". O atleta respondeu: "Não sei, eu simplesmente faço." Pode parecer um pouco prepotente, mas é a resposta mais honesta de quem já atingiu o nível alto da excelência com espontaneidade. Certamente esse esportista saberia dizer o que fez para chegar naquele nível, mas de fato não há explicação para depois que já nos tornamos espontâneos.

Não me iluda!

Muitas vezes recebo clientes comentando que desejam ser mais organizados, mais sociáveis, mais calmos etc. Tem pessoas que já nasceram aprendendo a serem assim, outros precisarão treinar na vida adulta. Mas ser menos brigão, por exemplo, também é treino. E um dia, talvez, o ato de ser calmo diante das situações mais irritantes se torne espontâneo.

Agora é hora de respirar. Agora é hora de tomar um ar ao invés de brigar. Agora é hora de silenciar, deixar os ânimos baixarem e depois se posicionar. Agora é hora de escutar. Assim como foi com o carro e com a bicicleta, agora é a hora de treinar. Não é livre. É forçado e não deixa de ter valor, pois o resultado final é o desejado. Forçar um treino para ser melhor em um esporte parece socialmente aceito. E por que forçar o treino para um novo comportamento pode parecer falsidade ou manipulação? Na minha opinião, falsidade é mostrar algo que não se é, ou manipular algo com intenções ocultas. Já, a busca por nos tornarmos espontâneos em uma determinada característica do ser, é legítima.

Nós não nascemos prontos.

Ao invés de estarmos focados em fazer sempre o melhor em tudo, prefiro pensar que podemos evoluir buscando ser cada vez mais espontâneos naquilo que tem valor para nós. Ninguém tem no seu DNA o componente medroso, arrogante, ansioso, exibido, impaciente, intolerante, tímido ou qualquer outro adjetivo negativo. São comportamentos aprendidos e, se foram aprendidos, podemos reaprendê-los.

14
Viva o agora, porém agora

Na busca pela minha espiritualidade e meu equilíbrio emocional, deparei-me com muitos textos, práticas e orientações para viver no aqui e agora.

Confesso que, de todos os itens que listei neste livro, esta conexão com o tempo presente foi o meu maior aprendizado nos últimos anos e, portanto, em hipótese alguma, quero desconstruir a ideia de viver o agora. Muitas vezes, durante atendimento com clientes, oriento para que o foco esteja na resposta da pergunta "O que posso fazer agora?". E, neste caso, o "agora" é literal. Às vezes, gastamos muito tempo e energia focados em questões futuras, e a única coisa que está ao nosso alcance é aquilo que pode ser feito nesse exato momento.

Não me iluda!

Gosto de trabalhar com a ideia de dividir o que é fato daquilo que "eu imagino". Fato é tudo aquilo que já ocorreu, de forma comprovada, e portanto pertence ao passado. Já o "eu imagino" é tudo que se refere ao futuro ou apenas à minha interpretação do passado (e não um fato concreto). Nos fatos, quando negativos, as emoções mais comuns são tristeza, decepção e raiva. Já no "eu imagino", novamente quando negativo, as emoções mais comuns são ansiedade e medo. Aliás, a ansiedade é sempre um sentimento futuro. **Ninguém sofre de ansiedade por algo que já aconteceu, e isso é a prova do quanto a ansiedade está relacionada ao imaginário.**

Os fatos negativos podem nos gerar um grande pico de dor, mas em algum momento eles passam. A vida segue, e encontramos novos caminhos, novos sentidos e novos significados. Já o "eu imagino" pode não ser tão intenso em sua dor, mas ele não passa. Tudo que se cria no imaginário segue presente de alguma forma, e a angústia se torna constantemente ativada.

Vamos imaginar uma situação. Dois clientes meus cancelam o trabalho comigo no mesmo dia. Isso é um fato, que pode despertar tristeza e decepção (comigo mesmo ou com eles). Porém, eu passo então a imaginar que todos os demais clientes vão também cancelar. Isso é o "eu imagino". Nasce em mim um sentimento de medo e ansiedade. Como somos especialistas em criar o caos em nossas mentes, eu já começo a imaginar que ficarei sem dinheiro. E, por fim, já me vejo endividado. Posso até estar exagerando, mas a mente humana tem essa capacidade.

Eu recebo uma crítica do chefe (fato) e então imagino que serei demitido. Eu estou com uma dor de cabeça há dias que não passa (fato) e então imagino que é uma doença grave. Um determinado amigo não tem me convidado mais para sair (fato), e então imagino que estamos de mal. Minha esposa chegou mais tarde em casa sem grandes explicações (fato), e então imagino que ela está tendo um caso. Melhor parar por aqui, não é? Acho que você já entendeu (e só de escrever estes exemplos o meu imaginário já ficou ativado demais!).

A única forma de diminuir o impacto do "eu imagino" é investigando. É necessário ir atrás das informações ou conversar com as pessoas envolvidas para realmente saber se o que estamos imaginando é um fato. O problema é que temos medo desse tipo de investigação. Como fica minha vida se eu for mesmo demitido? E se eu descobrir que tenho uma doença? E se meu amigo ficou bravo comigo? E se minha esposa está mesmo com outro? O medo de lidarmos com essa possibilidade nos afasta de investigarmos, então deixamos muitos dos nossos problemas irem crescendo em nossos imaginários.

Por que estou explicando esta ideia em um capítulo sobre a capacidade de vivermos o aqui e o agora? Porque o "eu imagino" não costuma ter relação com o momento do agora. Quando refletimos o que posso fazer agora, neste exato instante, a tendência é diminuirmos o foco nas ansiedades futuras.

Por isso sou realmente muito fã de qualquer técnica que nos ajude a conectar com o nosso tempo presente. Existem diferentes práticas de meditação, que ainda são pouco difundidas. Muita gente pensa que meditação precisa ser feita em silêncio, sozinho, sentado de forma ereta, com os olhos fechados e as pernas cruzadas. Mas esta é apenas uma técnica. Gosto das práticas contemplativas, por exemplo, que podem ser feitas a qualquer momento do dia, apenas observando as coisas ao redor. Costumo indicar aos meus clientes que se deitem na sala de casa e simplesmente observem. Geralmente percebemos rachaduras novas, manchas nas paredes ou um móvel que está descascando, um tapete descosturando ou uma foto que desbotou. Exercícios simples que nem sempre têm uma ligação direta com nenhum tipo de religião. Servem apenas para acalmar e nos conectar com o tempo presente.

Também gosto muito de práticas antigas que agora vêm em uma nova roupagem, como o mindfulness ou até mesmo o uso de aplicativos que nos auxiliam a buscar concentração. Porém, esse tipo de mensagem causa uma sensação de ilusão quando me propõe a viver sempre no aqui e agora. Na prática, isso não é possível. Nem seria sadio. Precisamos planejar nossas carreiras, organizarmos nossa vida financeira, cuidarmos de coisas que são importantes. Viver o presente não pode anular a minha capacidade de enxergar que certas coisas precisam de tempo. A ideia de que é necessário estar sempre — e somente — focado no presente é ilusória. Pelo menos para mim.

O próprio processo de coaching, na sua essência, é focado em ajudar as pessoas a planejarem suas mudanças. Se os coaches quiserem apenas viver o aqui e agora, jamais estarão concentrados nas minhas ferramentas de planejamento, pois todas elas nos levam para uma visão de futuro da vida.

Estar presente não significa viver apenas no presente.

15

Preciso mesmo sair da zona de conforto?

Imagino que também tenha acontecido com você: eu já recebi, e ainda recebo, centenas de mensagens sobre sair da zona de conforto. Todas as crenças sociais são formadas por frases ditas tantas vezes que passamos a vivê-las sem jamais questionarmos a praticidade delas em nossas vidas.

No meu primeiro livro, *O Encantador de Pessoas*, que escrevi em 2012 e lancei em 2013, lá estava um capítulo sugerindo que o leitor saísse de sua zona de conforto e partisse para a ação. Deixava claro que, no meu ponto de vista, a zona de vitória somente ocorria fora da zona de conforto.

Anos depois, um grande amigo que havia lido o livro, comentou que se incomodava com esse tipo de frase.

Não me iluda!

"Tudo o que fiz na minha vida até hoje foi para chegar em um lugar confortável e agora vem esse tipo de mensagem dizer que devo sair da zona de conforto? Por quê?", dizia ele. Aquela pergunta ficou reverberando semanas na minha cabeça. Fazia muito sentido pensar naquilo que meu amigo havia sinalizado. A palavra "conforto" é sempre boa. Não consegui encontrar nenhuma utilização dela para representar algo ruim. Se eu lhe convidar para trocar sua casa por uma mais confortável, certamente você vai pensar em uma melhor.

Por isso, a ideia de zona de conforto como algo ruim é estranha quando pensamos nos significados das palavras. Vamos imaginar que um sujeito esteja indo mal no seu trabalho. Seus chefes e colegas já lhe recomendaram uma mudança de comportamento, mas ele segue acomodado sem fazer nada. Ele acorda e não vê motivos para que algo mude. Vai para o trabalho todos os dias, chegando e saindo no mesmo horário. Muitos diriam que ele está em sua zona de conforto, mas seria mesmo confortável viver assim? É confortável trabalhar sem vontade? Saber que colegas falam mal? Saber que você não atende às expectativas? É confortável trabalhar esperando que chegue o fim do expediente? Parece-me que não.

Outro exemplo: vamos imaginar uma pessoa que anda insatisfeita com seu casamento. Já não sente nenhum tipo de atração, admiração ou vontade de estar junto com o seu parceiro. As conversas já são sem graça, o afeto não está mais presente, o sexo ficou automático. Mas essa pessoa não quer buscar ajuda, fazer terapia ou até mesmo se dedicar a conversar com o parceiro. Prefere ficar em silêncio e aceitar sua infelicidade no casamento e focar em outras coisas boas de sua vida. Novamente, muitos diriam que essa pessoa entrou em sua zona de conforto. Mas seria confortável ficar casado com alguém sem grandes vontades? Ter um parceiro (ou parceira) com quem não gostamos mais de conversar? Arranjar motivos para chegar mais tarde em casa para não ter que lidar com o casamento? É confortável estar casado e não ter uma vida sexual minimamente satisfatória? Novamente, parece-me que não.

Um outro tipo de situação recorrente para chamar de zona de conforto se refere ao cenário de não estarmos em nenhuma situação negativa, mas apenas não querermos mudar. Um exemplo seria o fato de uma pessoa estar bem na sua carreira, com boa renda e bons reconhecimentos, mas se acomodou e não está buscando evoluir e sequer almeja novos cargos. Ou aquela pessoa que não é um atleta, mas se considera com uma boa condição física, pratica alguns exercícios, cuida da alimentação com menos rigor, mas não almeja ser um exemplo de condicionamento físico, se acomodando feliz da forma como está.

Seja nesses dois exemplos, ou em qualquer outro, as minhas perguntas são: qual o problema? Por que temos que estar sempre almejando mais? Por que nunca podemos usufruir de uma acomodação? Para mim, o único critério de avaliação é a satisfação pessoal. Se a pessoa está satisfeita, por que é preciso um conceito social de que temos que romper esse lugar e buscar mais? E se eu não quero mais? Nesse ciclo que nunca se encerra, quando que vai ficar bom? Quando vou por os pés para cima e relaxar?

Meu avô materno costumava dizer uma frase que eu, durante muitos anos, apenas critiquei. **"Para ser feliz é**

Não me iluda!

preciso um pouco de acomodação", dizia ele. Dentro do meu perfil de alta performance constante (o que também é uma ilusão), eu questionava essa posição do meu avô. Ele fez carreira militar e se aposentou sem grandes patentes. Eu via aquilo como uma espécie de fraqueza. Porém, o que levei anos para aprender é que ele nunca quis, de fato, ir muito além. Ele morreu feliz com a carreira que construiu.

Quando eu o questionava porque ele não buscou posições mais elevadas na hierarquia militar, ele alegava que não quis ser um profissional que viajasse tanto. Ele argumentava que o seu estilo era chegar cedo em casa para ficar com a família. Que coisas materiais não o moviam tanto quanto estar com a esposa e com as filhas. Que ficar semanas viajando iria lhe tirar os momentos de diversão (sempre com uma boa cerveja) com os amigos. Ou seja, ele estava na sua zona de conforto. E estava tudo bem!

É o descobrimento do século! Mas você sabia que dá para ficar assim e estará tudo bem? Incrível, não?

Tirando a ironia de lado, para mim de fato é uma descoberta importante. Eu venho de uma geração (e de um perfil social que se formou) que baseou toda sua carreira na alta performance. Cresci com a autoajuda do "ir além", sempre. Buscar o maior, o melhor, o perfeito, o inédito. Mais, mais e mais. Nunca retroceder. Nunca desacelerar.

Não me iluda! Olhando para trás, descobri que vim de uma geração que aos vinte já sabia o que iria fazer da vida. Aos vinte e poucos, já deixávamos de ser estagiários, pois havíamos sido efetivados com uma idade inferior do que aqueles que vieram antes de nós. Aos trinta, já ganhávamos o que nossos pais ganharam ao se aposentar. Aos trinta e cinco, recebíamos o que eles nunca haviam recebido. Fizemos faculdade, MBA, pós-graduação e um curso no exterior. Aprendemos a falar duas, três, quatro línguas. Ninguém poderia deter a minha geração! Malhamos nossos corpos e os exibimos em selfies para que alguém diga que valeu a pena.

Sou do maluco grupo de jovens que se tornaram adultos e que precisam de café para ficarem acordados e de pílulas para dormir. Isso porque a meta estava sempre na próxima etapa. Nunca chegávamos. Qualquer mínima parada para comemorar era sinônimo de estarmos entrando em nossas zonas de conforto. Chegamos a acreditar que tudo isso compensaria.

Mas em seguida chegaram os outros momentos de vida. Os casamentos, os filhos, os amigos de décadas atrás, os primeiros sinais físicos de que já não éramos mais assim tão jovens. Lamentamos ao olhar outros com menos idade, não mais do que seus vinte anos, estarem fazendo sucesso e enchendo os bolsos de dinheiro porque agora navegavam em algo mais da moda, mais moderno, mais inédito. Ficamos velhos sem sermos velhos. E aí começamos a pensar que uma vida em uma casinha com uma horta poderia ser uma bela saída. Quem sabe morar naquela cidade do interior. Largar a carreira e ir trabalhar em uma pousada na beira da praia. Vender tudo o que juntamos e construir um pequeno restaurante no alto de uma montanha. Abrir mão de uma renda mais alta para ficarmos mais cercados daquilo que realmente importa.

Mas já não dava mais tempo. Saímos tantas vezes da nossa zona de conforto que a perdemos. A esta altura, não dava mais para abrir mão dos vinhos caros, da roupa de marca, do carro de luxo, dos lançamentos eletrônicos.

Não me iluda!

Não dava mais para abandonar a imagem de vida perfeita que havíamos criado.

No desespero de nunca estarmos na zona de conforto, esquecemos o que verdadeiramente nos conforta. E é por isso que não acredito mais no modelo que nos convida a sair desta zona. Prefiro pensar que o caminho é ampliar a zona de conforto. Tudo aquilo que não está me trazendo satisfação, que eu então traga para dentro da zona de conforto.

Pode parecer apenas uma pequena mudança de palavras, mas não é. O significado se altera de forma significativa. Sair é trocar. Eu saio de um ponto e vou para um novo ponto. Ampliar é somar. Se estamos ampliando, então estamos reconhecendo tudo o que já temos e estamos buscando satisfazer pontos ainda não confortáveis.

Além disso, viver no conceito de ampliar zona de conforto me permite usufruir de algo que já está bom, sem cobranças. Posso reconhecer e me aquietar. Não preciso viver no ritmo alucinado da busca frenética. A alta performance precisa ser uma escolha, e não uma condição diária de vida.

Se eu puder morrer velhinho com uma super zona de conforto, então tudo valeu a pena. Terei aprendido ao longo da vida a trazer todas as coisas que me foram importantes para dentro do meu conceito de conforto. Terei vivido no prazer de reconhecer tudo aquilo que já estava confortável e justamente por isso não me estimulava a buscar mais. E também terei questionado tudo aquilo não satisfatório, buscando a minha própria fórmula para tornar confortável. Eu e minha grande zona de conforto: fazer dela minha amiga e não temê-la. Ela é boa. Justifica todos os esforços.

Portanto, reveja se realmente você precisa diariamente sair da sua zona de conforto. Fica aqui meu convite: questione sua acomodação e, se assim desejar, amplie sua zona de conforto.

16

Vencer ou viver

"**N**unca perseguir a glória", diz o refrão de uma música que uso durante um dos meus workshops de imersão. A música espanhola é de Joan Manuel Serrat e conta com um pedaço de um poema do também espanhol Antonio Machado, que destaca: "Caminhante, não há caminho. O caminho se faz ao caminhar." Eu já gostava deste poema, mas somente quando realizei a primeira vivência de um workshop baseado em uma caminhada que pude compreender verdadeiramente a profundidade do conceito de caminhar sem buscar vencer.

Novamente, isso era o oposto do que sempre aprendi. Todo o cenário social à minha volta me estimulava (e ainda me estimula) a competir. E, para todo bom competidor, a única opção viável é vencer. Mas passei a rever esse

Não me iluda!

pensamento. Questionava: quais os momentos de perseguir as vitórias? O que, de fato, as vitórias significavam? Ou ainda mais profundo: o que são as vitórias?

Para aprofundar este tema vou utilizar como experiência o workshop que criei e que conduzo chamado *Caminho Cabo da Roca*, realizado duas vezes por ano em Portugal. Cabo da Roca é um local que pertence à cidade de Sintra, a cerca de 30 quilômetros da capital, Lisboa. É um workshop de imersão, com no máximo quinze participantes, que ficam juntos por quatro dias. Destes, dois são de caminhada. A pequena peregrinação se torna elemento-chave para as reflexões que são abordadas na vivência. Os caminhantes partem do Padrão dos Descobrimentos, em Lisboa, no bairro de Belém (local que simboliza o ponto de partida dos mais importantes descobridores portugueses) e vão até Cabo da Roca, sempre pelas margens do rio Tejo, e em seguida do Oceano Atlântico. Nestes dois dias de caminhada, são percorridos 45 quilômetros.

Cabo da Roca é o ponto mais ocidental de toda a Europa. Em uma época onde o mundo desenvolvido era predominantemente europeu, este ponto geográfico representava o fim da terra. Lá, o poeta português Camões escreveu a referência que segue até hoje, logo abaixo de uma cruz em homenagem a todos os navegadores que por lá passaram – "Aqui termina a terra e começa o mar". De fato, era essa a percepção que se tinha.

Nessa mesma época, a navegação era a forma de descobrir o restante do planeta. Acreditava-se que o mundo era plano, então, no imaginário deles, afastar-se da costa era um risco. Por isso, os navegadores estavam sempre enxergando a orla, assim, sentindo-se seguros. Ao chegarem em Cabo da Roca, todo navegador precisava tomar uma decisão. Permanecer no que já lhe era conhecido ou então navegar rumo ao desconhecido. Não se tratava de descobrir a América. Havia sinais de que teria terra, mas tudo ainda era desconhecido. O medo deste desconhecido dava lugar à coragem de navegar. A própria navegação tinha que ter valor, e não somente o ponto de chegada (pois nem mesmo sabiam se iriam chegar).

Dei-me conta da quantidade de vezes que estive em um "Cabo da Roca" na minha vida. Muitas vezes tive que optar por seguir em algo conhecido e garantido ou correr o risco de seguir rumo ao desconhecido, movido pela vontade, pela fé e pela conexão com a própria navegação. Também pude lembrar a quantidade de clientes (acredito que a maioria) que passaram pelo meu trabalho e que me procuraram justamente quando encontravam-se em um "Cabo da Roca".

Este foi o motivo de ter escolhido este lugar como tema central para o workshop. Mas foi na realização da primeira turma que pude observar melhor a questão do caminho, do caminhante e do caminhar. É inquestionável que vencer é um momento único e extremamente prazeroso. O sentimento de ter vencido algo é sempre satisfatório e nos gera muita realização e reconhecimento. Não pretendo, em hipótese alguma, desconstruir essa emoção.

Mas, o que hoje muito me questiono, é a alta energia que coloco para constantemente estar perseguindo a vitória. Quando isso ocorre, todo o meu foco é somente nessa suposta linha de chegada. A tendência é que a gente deixe de observar e usufruir de outras tantas coisas boas que o caminho pode apresentar. A obsessão

Não me iluda!

pela vitória costuma cegar o caminho. Se não ganhamos, a única resposta que temos ao final é que perdemos. Já quando estamos mais conectados por vivermos as nossas jornadas, deixando a vitória mais como consequência da própria caminhada, o que podemos responder no final é a quantidade de coisas que vimos e aprendemos pelo caminho.

Aliás, nem sei se existe este final. Todas as vezes em que fiquei obcecado por uma vitória, me embolei em sentimentos. Ficava difícil separar o que era meta do que era sonho, ambição, ganância ou vício. Essa linha (imaginária) de chegada, uma vez que é cruzada, costuma gerar a procura pela próxima linha. Corremos fortemente o risco de ficarmos viciados em vencer. Qualquer coisa que não seja vencer perde a graça. Digo isso do lugar de alguém que já viveu essa experiência de emoção interna. É cansativo e, em algum momento, frustrante.

Todos queremos a vitória. Nunca conheci uma pessoa que dissesse que não gostaria de viver a sensação de ter vencido algo que fosse importante para ela. Queremos avaliar a vida e dizer que vencemos. Essa busca é natural. Mas, assim como felicidade, vencer é algo subjetivo e extremamente individual. Vencer é um conceito que se altera ao longo das nossas vidas. Vencer é uma experiência momentânea e não linear. Acordar desejando vencer é o mesmo que acordar desejando ser feliz. Ou estamos ou não estamos. Ou temos motivos para estarmos felizes e/ou nos sentindo vitoriosos ou não temos. Não se trata de algo tangível para ser buscado.

Portanto, me parece mais lógico ir atrás das coisas que são importantes. E ponto. Essas coisas vão mudar, você vai mudar. Nem tudo que era vitória ainda é. E outras tantas que hoje não são, um dia poderão significar. Assim como a letra da música que nos convida a nunca perseguir a glória, fica o meu convite para sempre perseguirmos nosso próprio caminho. Uma hora a vitória vem. Ou não. Mas a vida seguirá. O caminho seguirá na sua frente. E você pode seguir caminhando, pois está tudo bem em nem sempre precisar vencer.

17

Todo mundo quer mudar o mundo

De uma hora para outra, todo mundo quer mudar o mundo. Surgiu uma geração preocupada em ações de impacto social para um mundo melhor. Mas, sequer, arruma o próprio quarto.

Ficou na moda e passou a dar um certo status estarmos envolvidos em promover um mundo melhor. De forma imediata, fico com uma ótima sensação. Acredito, de verdade e sem ironia, que estamos vivendo a maior geração de pessoas conectadas com essa causa. Ainda é uma minoria em termos de escala mundial, mas já é muito maior do que era antes. E isso é ótimo. O mundo precisa disso.

A parte que considero uma ilusão é ver pessoas com esse discurso mas que, na prática, estão conectadas com o seu "micromundo". Soa um pouco estranho ver pessoas

Não me iluda!

dispostas a criar um mundo melhor, vivendo da mesada dos pais. Mesmo que para essas pessoas o dinheiro não tenha grande significado pessoal, é importante lembrar dois aspectos:

Primeiro que, para gerar mudanças positivas no mundo, o dinheiro se fará necessário. Podemos e devemos encontrar outras formas de transitar com o dinheiro – e provavelmente mudaremos nas próximas décadas os nossos conceitos sobre a necessidade do dinheiro para as transações entre empresas e entidades. Mas, ainda assim, de alguma maneira, a questão de ter um volume significativo de dinheiro facilitará sempre os sonhos. Claro que existem formas de realizá-los sem grandes investimentos, mas não acredito – e nunca vi na prática – um sonho a custo zero. O que vejo são sonhos onde os responsáveis não precisaram colocar dinheiro, mas de alguma forma a questão financeira se faz presente. Então, querer desenvolver um mundo melhor, mas ao mesmo tempo ter uma certa aversão ao dinheiro, me parece um pouco contraditório.

O segundo aspecto é que, **antes de resolvermos a vida dos outros, precisamos resolver as nossas.** Criar o objetivo de vida de mudar o mundo às custas dos familiares, é desconsiderar uma etapa primária. Não costuma dar muito certo querer ler a página dois, sem ter lido a página um. Certos fluxos existem para dar coerência às coisas, exatamente como ocorre na natureza.

Nestes últimos anos vi, e acompanhei de perto, muitas empresas startup focadas em impacto social para um mundo melhor, sendo subsidiadas por amigos e familiares. Não sou bom em gestão financeira, mas sei que muitas empresas, ou quase todas, nascem de investimentos de terceiros. Mas também sei que esses investidores – sejam eles familiares, bancos, fundos ou investidores-anjos – também têm um limite. Existe um ponto de corte onde, ou o negócio se paga, ou se encerra. E é esta a lógica que vejo muita gente desconsiderando.

Não me iluda com a ideia de que o universo vai conspirar a favor, só porque um negócio tenha um propósito verdadeiro e positivo para o mundo. Veja, eu acredito na questão de energia, espiritualidade e principalmente na física quântica. Acredito em forças favoráveis do universo. Poderia inclusive relatar situações claras na minha vida onde não soube explicar o que aconteceu e tive realmente que dar crédito a algo maior. Mas, ao mesmo tempo, sinto-me iludido quando me vendem a ideia de que basta ter um bom propósito e tudo dará certo. Já me expressei em capítulos anteriores sobre as ideias que tenho desses falsos poderes mágicos. Se isso fosse uma regra, o crime organizado não prosperaria e, infelizmente, vivemos em uma sociedade onde muita gente ganhou dinheiro com propósitos distantes de ajudar a construir um mundo melhor.

Estar feliz com o que faz, ter realização pessoal, ficar satisfeito e orgulhoso por vermos que o que fazemos, gera impacto social positivo. Tudo isso é ótimo. Faz bem para a alma, de verdade. Mas nem sempre paga as contas! Isso não é garantia de sucesso financeiro.

Não quero lhe fazer desistir de alguma ação social que você faça, ou pense em fazer. Novamente, se isso é importante para você, vá em frente! A reflexão que desejo deixar aqui é que, no mundo dos negócios, seja uma megaempresa ou uma atividade autônoma, muitos fatores

Não me iluda!

estão envolvidos para que dê certo. Existe a ideia e o propósito, que considero essencial principalmente para nos sentirmos realizados. Mas também existe a questão da execução, do controle do fluxo financeiro, das demandas de mercado, da capacidade de divulgação, do fator inovação e concorrência, entre outros tantos, que diversos especialistas em empreendedorismo já nos dizem há anos.

Querer mudar o mundo é nobre e necessário. O mundo urge por isso. E meu convite é apenas para que possamos primeiro organizarmos, minimamente, os nossos próprios mundos individuais, cada um à sua maneira e com os seus critérios.

De outro lado, também conheci muita gente bacana fazendo coisas fantásticas para um mundo melhor e conseguindo "ficar em pé" (gíria utilizada para definir que o negócio se mantém financeiramente de forma independente). Pessoas que tinham um profundo e verdadeiro propósito, mas que arregaçaram as mangas e foram em frente. Não morderam a isca do ego de querer salvar o mundo e enxugaram custos, pediram ajuda, criaram produtos, aprenderam sobre finanças. Sonharam menos e fizeram mais. Aliás, aproveito para comentar que durante muito tempo eu admirei os sonhadores, e hoje admiro mais os fazedores de sonhos. Eles, sim, são geniais. Porém, só se tornam gênios depois que deu certo. Antes de dar certo, é apenas um sonho louco. Mas no sucesso sempre tem por trás uma história de alguém que muito fez.

O que essas pessoas também precisaram romper foram as crenças sociais sobre fazer o bem e ganhar dinheiro. Até alguns anos atrás, não se imaginava a ideia de promover algo bom para a sociedade tendo algum fim

142

lucrativo. Vivemos décadas de ONGs (Organizações Não Governamentais) sendo criadas. Muitas foram essenciais na história do desenvolvimento humano, ou do desenvolvimento da comunidade onde estão inseridas.

Mas o tempo passou, e surgiu esta geração que quer, verdadeiramente, um mundo melhor. **No meio dos sonhadores, os fazedores precisam provar, para muita gente, que não é feio ganhar dinheiro fazendo o bem.**

Presenciei algumas vezes reuniões entre jovens de projetos sociais discutindo com pessoas de gerações mais avançadas sobre esse conceito. Ajudar as crianças de rua e, com isso, também ganhar dinheiro, soa estranho. Criar uma campanha prática para deixar a cidade mais limpa e, ao mesmo tempo, faturar com isso, soa estranho. Lançar um projeto de cuidado com o meio ambiente e receber patrocínio, soa estranho. E teria uma lista imensa de outros exemplos. Mas, por quê? Por que ainda soa estranho para tanta gente?

Não me iluda! Muitas empresas ganharam milhões fazendo coisas muito piores para a sociedade. Por que uma empresa que cria um produto que vicia pode ganhar dinheiro e uma pessoa que criou um produto que ajuda os animais de outro país, não? Nós nos acostumamos – e passamos a aceitar o mal relacionado ao dinheiro – e não sabemos reconhecer o bem relacionado ao dinheiro?

Parece necessário fazermos as devidas reflexões sobre as reais intenções de cada negócio. E aí, sim, estarmos dispostos a nos conectar com aquilo que reverbera mais com os nossos propósitos. Não necessariamente porque o universo conspira, mas porque as pessoas aderem. É diferente. É real. É tangível. As pessoas estão aderindo a projetos, causas, marcas, produtos que verdadeiramente querem um mundo melhor.

Volto aqui a fazer uma séria crítica ao marketing. Fico pensando que algumas marcas pensam que o público não passa de um grupo de babacas (desculpe a palavra, mas não achei outra melhor). Determinada marca vai lá e lança na mídia um patrocínio para uma ação social que visa um mundo melhor e pronto. Isso faz dela uma empresa que está mesmo preocupada com o mundo? Certas marcas só estão preocupadas em fazer o melhor, caso essa ação possa ser amplamente divulgada. Isso torna a ação ruim? Não, é claro que não. Melhor assim do que nada. Mas não me faça acreditar que isso anula a forma como a empresa trata os funcionários, o impacto que gera na comunidade em que está inserida, a forma como se relaciona com o governo, a maneira como lida com seus impostos, o retorno que promove para a sociedade etc.

Um mundo melhor é assunto extremamente amplo e profundo. Não deveria ser tratado de forma leviana, com modismos ou apenas como estratégia de posicionamento de uma marca. Desejar e agir por um mundo melhor é uma escolha. E toda escolha tem renúncias.

18

"Elimine seu ego e seu desejo" (?)

Certa vez assisti a uma palestra onde o mensageiro repetia a frase "elimine seu ego". Em um determinado momento, colocou em letras gigantes na tela a mesma frase. Meu primeiro pensamento foi o seguinte: ao subir em um palco de um teatro lotado e dizer o que as pessoas devem fazer, ele mesmo já não estaria nutrindo o seu próprio ego? Alguns diriam que não. Mas nada me convence do contrário.

Não me iluda. Toda pessoa que desenvolve com prazer uma carreira pública, tem nela algum aspecto de ego sendo alimentado. Eu sei disso pois eu mesmo sou assim. Quando me perguntam o que me move a desenvolver livros e palestras a resposta é longa. Muitas coisas me

Não me iluda!

movem, como realização, legado e impacto, entre outras. Mas também existe um fator poucas vezes admitido em público (até escrever este livro), que é a minha própria vaidade. Sei que vai ter gente lendo o livro e dizendo que não faz nada em sua vida movido pela sua vaidade. E eu até acredito que possa não ser movido por ela, mas mesmo indiretamente, nutre a vaidade e isso faz bem, eu acredito. Penso que seríamos mais honestos uns com os outros se este sentimento fosse mais explícito.

A vaidade faz parte da nossa vida, e alimentar o ego não me parece tão perigoso quanto dizem por aí. A questão não é o que sentimos, mas sim o que fazemos com isso.

Na esfera do pensamento, tudo é possível. Quem já não teve vontade de bater em alguém? O desejo e o pensamento são livres. Ninguém sequer precisou saber que você sentiu essa vontade. Mas é na ação que surge a necessidade de uma espécie de filtro social, para então entendermos o que podemos ou não fazer em prol da ética, da cidadania e da boa educação. Muitas vezes é este filtro que impede que a gente de fato faça aquilo que acabou de passar pelas nossas cabeças. Ou seja, temos muito mais controle sobre nossas ações do que sobre nossas emoções. Logo, penso que não se trata de eliminar o ego, mas sim de sabermos como lidar com ele. Não me parece possível eliminá-lo e, mais do que isso, não me parece que vá fazer algum mal na minha vida se, de vez em quando, eu nutri-lo.

Nessa mesma linha da mensagem que me convida a eliminar o ego, também mordi a isca de tentar eliminar os desejos. Escutei muita gente dizendo que o mal do mundo eram os desejos. Fui tentar ser um praticante deste estilo de vida. Desejei eliminar o desejo. Ops! Isso já não seria um desejo?

Dá mesmo para viver sem desejar? Não desejar ser melhor, ser feliz, desejar evoluir? Dá mesmo para viver sem desejar fazer, viver e ter coisas que são importantes para nós? Dá para não desejar ter dinheiro, por exemplo? E aí o que faço quando meu filho ficar doente? Curo ele com a luz positiva da vida?

Como fica o meu desejo de um dia poder propiciar para meu filho a experiência de estudar fora? Isso é feio? Como fica o meu desejo de me vestir com uma determinada roupa que me cai bem? Como fica o meu desejo de conhecer outro país? Como fica o meu desejo de ter uma determinada quantia de dinheiro guardada para que eu possa dormir mais tranquilo?

Não me iluda! Desejar não faz mal algum.

O que não podemos é confundir desejo com necessidade, ambição e, principalmente, ganância. Conheci muita gente que ficou dependente dos desejos. Precisam desejar cada vez mais e, portanto, precisam ter cada vez mais. Mas, neste caso, o problema não está em desejar. O que ocorre é uma disfunção onde a conquista virou um vício. Conheci muita gente com dinheiro que ficou refém de tudo o que é caro. Tem gente que abre um cardápio e a única opção que lhe ocorre é o mais caro. Novamente, isso não tem nenhuma ligação com o ato de desejar. A saída para essas pessoas não seria deixar de desejar, mas sim alterar sua relação com o dinheiro e com as coisas materiais. E isso é diferente.

Aprendi que toda vez que alguém sugere que devemos eliminar algo na vida devo ficar atento. Existe uma imensa probabilidade que essa mesma pessoa em algum

Não me iluda!

momento caia em contradição. Não vejo equilíbrio na ausência das coisas. Para mim, o equilíbrio tem muito mais conexão com a capacidade de dosarmos tudo aquilo que ocorre dentro e fora de nós. A vida me parece muito completa. Não precisamos eliminar. Se é importante, siga em frente. Mas não perca a habilidade que temos de avaliar o quanto determinadas ações nos fazem bem ou mal.

Sou mais feliz me divertindo com meu ego, sabendo os momentos em que preciso deixá-lo de lado. Sou mais feliz com os meus desejos, sabendo os momentos em que preciso questioná-los.

19

O limite moral das empresas na gestão das competências

Outra **maluquice** para mim é a forma como muitas empresas estão interferindo na vida das pessoas. De um lado surgiu uma imensa lista de consultores e consultorias que dizem como um candidato deve se comportar em uma entrevista de emprego. Essas consultorias são ótimas para estruturar as ideias e provocar reflexões nos candidatos. Mas em algum momento podem invadir um espaço que não são delas.

Nunca trabalhei no setor de Recursos Humanos de nenhuma empresa, mas hoje circulo muito neste meio. Vejo a recorrente queixa dos contratantes que, em um curto prazo, se frustram com uma pessoa nova na equipe.

Não me iluda!

Na entrevista, parecia ideal para a vaga e, depois, se mostrou muito diferente.

Mas quem é o culpado disso? Somente as próprias pessoas que estão envolvidas. Os candidatos estão sendo treinados para irem lá dizer exatamente o que a empresa quer ouvir. Seja porque uma consultoria está orientando, seja pela própria inteligência e sedução.

Nessas entrevistas, o defeito que as pessoas mais admitem é que são perfeccionistas. Ah, não me iluda! **Perfeccionismo é o defeito mais bonito de dizer em uma entrevista**. Seria mais honesto se um candidato pudesse dizer que seu defeito é estar mal humorado nas segundas-feiras, que tem baixa tolerância com pessoas lentas ou então que costuma ficar muito acomodado depois que um projeto dá certo. Mas isso é feio de ser dito. Então começa uma relação onde um finge que é e o outro finge que acredita. Tenho sérias dúvidas se uma empresa contrataria alguém que, na entrevista de emprego, admitisse que tem dificuldade de lidar com críticas, que não sabe trabalhar sob pressão ou ainda que considera o cargo abaixo das suas habilidades. O contratante não quer lidar com essa verdade.

Como tudo neste livro até agora, nada é uma regra absoluta. Conheço empresas e setores de RH e de gestão de carreira verdadeiramente preocupados com um olhar mais sistêmico do indivíduo. Também conheço contratantes que são mais abertos à visão ampla das qualidades e dos defeitos e menos focados na busca pelo profissional idealizado. Mas não são maioria. Pelo menos não nos ambientes em que circulei ou ainda circulo.

Em uma fase de namoro, todos nós nos "vestimos" de nossa melhor versão. Não é uma parte minha, natural e íntima. É uma espécie de "eu projetado". Escolho as melhores roupas, cuido da casa como não costumo cuidar, meço as palavras, fico atento em ser gentil. A casa à espera de visitas, nunca é a casa no dia a dia. É sempre a nossa melhor versão.

O outro lado se apaixona justamente por essa versão, e com o tempo vai cobrar que isso permaneça. Mas isso não permanece. O namoro do dia a dia inclui esquecimentos, chatices, mau humor e frustrações. A casa do dia a dia não está impecavelmente limpa. O furinho daquele sofá, que estava disfarçado com uma manta, aparece. A louça mais velha, que pode quebrar, prevalece na mesa, as luzes que ficam acesas são as mais práticas e econômicas e não necessariamente as mais bonitas. Este é o mundo real. Na minha casa, na sua e na do vizinho.

Não vejo nenhum problema em específico por ser assim, desde que tenhamos consciência. O problema inicia quando nos apaixonamos pelo "eu projetado" do outro. Muitas vezes já idealizamos o par perfeito. Já imaginamos como seria aquela pessoa ideal. E aí o primeiro que cruzar pelo nosso caminho e demonstrar alguns sinais já nos deixará encantados.

Contratantes definem o perfil idealizado e, diante de alguns sinais, elegem aqueles que previamente já estavam em suas mentes. É algo como a frase do antigo poeta Rubem Alves "Te amei muito antes de te conhecer". A partir deste ponto, se estabelece uma relação projetada que vai ficando difícil de se sustentar. Lidar com o "eu verdadeiro" do outro não é fácil. E é neste ponto que muitas empresas estão, ao meu ver, começando a ultrapassar um certo limite moral sobre quem as pessoas são.

As empresas contratam os profissionais e depois gastam milhões para moldá-los à sua maneira, nas suas regras, nas suas culturas e nos seus hábitos. Do outro lado, atropelado pela máquina do trabalho e refém dos salários que sustentam suas vidas, o profissional vai tentando cumprir todas essas expectativas e se tornar aquilo tudo que esperam que ele seja. A dedicação deixa de estar focada naquilo que eles sempre quiseram ser e passa a estar focada em buscar ser o que a empresa precisa que eles se tornem para alcançarem o próximo cargo. As carreiras deixam de ser um meio para a evolução. A lógica fica invertida. A evolução se torna um meio para que as pessoas sejam aquilo que o mercado cobra que sejam.

Nessa linha, é comum que muitas empresas ultrapassem certos limites, gerando feedbacks fundamentados muito mais no perfil do que nas tarefas. Toda empresa tem o direito de avaliar alguém com baixo desempenho utilizando indicadores de performance para as tarefas previamente estabelecidas. Porém, acabam avaliando muito mais o perfil das pessoas, caracterizando como atitudes certas ou erradas, boas ou ruins.

Com qual fundamento alguém pode me avaliar ao ponto de dizer que sou (ou não) uma pessoa boa, qualificada, adequada? Quantos casos conhecemos de pessoas que eram consideradas ruins em um lugar e se tornaram excepcionais em outros? Por que ainda vivemos com a necessidade de rótulos?

Penso que as empresas podem avaliar a questão de adequação. Cabe aos RHs das empresas medir se uma determinada pessoa está alinhada com as necessidades. Em uma demissão, muitas vezes o que ocorre é apenas o fato de que o funcionário quer ser uma pessoa desalinhada com o perfil que a empresa quer ter. Isso nem sempre tem relação direta com performance e, portanto, nem sempre as demissões indicam que o profissional precisa mudar para poder ser aceito.

Nem todo homem é feito para toda mulher e vice-versa. No ambiente de trabalho, parece-me muito semelhante. Nem todo profissional ou funcionário é feito para toda empresa. **Nem toda empresa desejada pela sociedade será boa para todos candidatos.** Nem todo executivo premiado dará resultado em outras empresas.

São os funcionários que devem se adaptar à empresa ou a empresa que deve se adaptar aos funcionários? Pela lógica prática e também mais usual de mercado, a primeira situação faz mais sentido. Mas quando pensamos a carreira como um caminho para as pessoas evoluírem e buscarem a realização pessoal, a ideia parece começar a ser questionável.

Também é fácil de concluir que uma empresa não tem condições de se adaptar a todos que nela trabalham. Mas então, talvez, estejamos em um momento de encontrarmos um equilíbrio melhor nessa balança.

Não tenho respostas sobre este tema, apenas quero propor a reflexão sobre essa tal soberania de opinião do mercado sobre a pessoa que escolhemos ser.

20
Por que esse idiota ganha mais dinheiro do que eu?

Quem nunca se fez esta pergunta? Poderíamos pensar nas variações dela, do tipo: por que aquele incompetente teve mais sucesso do que eu? Ou ainda: por que o casamento daquela louca parece ser mais feliz que o meu?

A lista é grande!

Temos o péssimo hábito de avaliarmos nossa felicidade e nosso sucesso de modo comparativo. Não precisamos estar assim tão bem, só precisamos estar melhor do que a maioria que nos cerca. Quanto tempo perdido! Meu, seu, nosso.

Certas coisas são o que são. Nem tudo necessita de grandes explicações. Quando me perguntam qual o segredo

Não me iluda!

para fazer uma palestra que atraia o público ou um livro que venda bem, a resposta mais sincera que posso oferecer é "não sei". Nunca fiz curso do tipo "dez passos para ser um bom palestrante" ou "quinze dicas para escrever um livro de sucesso". Essas promessas nunca me atraíram, como já deve ter ficado claro a esta altura do livro.

Mas uma coisa é evidente em toda essa trajetória: o poder da ação. A ação é soberana a todo o resto. Se algum idiota está ganhando mais dinheiro do que você, uma coisa é certa: ele fez coisas antes de ganhar dinheiro (ou para ganhar dinheiro) que você não fez. Certo ou errado, bom ou ruim, ético ou antiético, ele fez. Não é possível chegar em algum topo sem antes subir a montanha.

Mas também é preciso lembrar que sempre existe uma outra parte por trás das histórias que desconhecemos. Qualquer julgamento que você faça de mim, bem ou mal, me conhecendo muito ou pouco, ainda assim não será eu. Será apenas uma possível (pois você também pode estar errado) parte de mim. Sou muito maior do que a parte que exponho. Eu e você temos longas histórias para contar e sabemos o que nos trouxe até aqui. Eu e você também sabemos a quantidade de vezes em que projetamos uma imagem de nós mesmos de forma a parecer maior do que verdadeiramente somos.

Tem muita gente posando de rico cheio de dívidas nas costas. Cheio de gente por aí exibindo o que não é seu. Muitos casamentos aparentemente felizes, porém com total indiferença na hora da intimidade. E o que não falta são pessoas contando seus sucessos sem nunca terem conseguido algo verdadeiramente concreto.

Tem muito idiota querendo mostrar o que não é.

Então, cuidado:

1) não fique tão preocupado com a vida dos idiotas e não acredite em tudo o que eles dizem e exibem;

2) não seja você o idiota.

Acredito que esteja havendo uma confusão entre aquilo que verdadeiramente precisa se tornar público a respeito da vida de cada um e aquilo que pertence apenas ao infinito particular de cada um. Esconder que precisamos de ajuda e exibir resultados que não tivemos me parece quase insano. É muita ostentação da vida idealizada.

Este é um dos pontos que o mercado de coaching ajudou a fomentar. E é uma pena. Processo de coaching é sério e deveria ser muito mais profundo. Mas, infelizmente, o que mais vemos são profissionais dessa área mais preocupados em mostrar aquilo que ainda nem são. Uma boa parcela dos coaches está mais preocupada com o marketing disso do que, de fato, a cumprir suas jornadas.

Aquele idiota ganha mais dinheiro do que eu? E agora descubro que ele fez um curso que ensina como é o cérebro das pessoas milionárias e depois fez uma formação de master blaster mega top de coaching dos campeões. Meu Deus! Como foi que perdi isso? Eu também quero esse bilhete de loteria!

Esses mensageiros me soam de forma estranha. A grande maioria ficou rica depois de escrever sobre as dicas de como enriquecer. Quantas vezes você viu uma pessoa que ficou milionária em uma carreira oculta e depois escreveu um livro sobre dicas para riqueza? Eu vi muito poucos. A maioria alcançou mesmo sucesso ao vender os tickets mágicos para o público.

É nesse aspecto que me refiro sobre a capacidade

Não me iluda!

de agir. Mesmo mensageiros que hoje eu critico, tiveram seus sucessos e ganharam dinheiro porque fizeram. Hoje discordo daquilo que fizeram, mas reconheço que fizeram. A maioria não faz.

Menos foco nos outros e mais foco em nossas próprias jornadas. A felicidade, o dinheiro e o sucesso dos idiotas não têm nenhuma relação com você.

Pense nisso.

21

"Viva todos os dias como se fosse o último" (?)

enho poucas certezas na vida, mas uma delas é que, se eu soubesse que hoje seria o meu último dia de vida, eu não estaria aqui escrevendo este livro. Aliás, não estaria fazendo nada relacionado ao trabalho. Estaria junto com as pessoas mais importantes para mim, fazendo declarações e provocando uma despedida repleta de emoções.

Toda vez que escuto este convite a viver todos os dias como se fosse o último, fico pensando como seria a minha vida se isso fosse possível. Será que eu pensaria nas contas a pagar? Pensaria nos planos futuros? Pensaria em estudar? Será que eu iria querer bater um papo com aquele cliente chato no último dia da minha vida? Não me iluda!

Não me iluda!

Prefiro muito mais o conceito de viver consciente de que podemos partir a qualquer momento.

Em um determinado momento na minha carreira, pude atender a um pequeno grupo de clientes que estavam em uma situação de risco terminal. Pessoas com câncer, de diferentes idades.

Todos nós podemos morrer hoje, mas nós não sabemos disso. Já essas pessoas sabiam. E o fato de saberem isso fazia toda a diferença na forma como enxergavam a própria jornada já percorrida. O interessante de trabalhar com este tipo de pessoas é que a emoção fica muito mais presente. Com elas aprendi a olhar para o passado de uma forma diferente.

Em uma situação de risco iminente de morte, o que pude perceber é que as pessoas não costumam sentir dor sobre os fracassos que já viveram. Estes fracassos estão presentes, mas são apenas memórias. As pessoas lembram que fracassaram em um casamento, na tentativa de empreender ou algo específico da carreira, ao mudarem de cidade etc. São os fracassos presentes na vida de todos. Elas lembram o quanto foi dolorido na época em que ocorreu, mas não sentem a dor no tempo presente. A dor é apenas memória.

Porém, o que dói (e geralmente dói muito) são as desistências. Aquilo que as pessoas desistiram ao longo de suas jornadas costuma causar dor no presente, pois elas não são apenas registros de um tempo passado. No fracasso, a vida segue e costumamos ter a capacidade de resiliência e encarar o restante da caminhada. Já na desistência isso não ocorre, pois o sentimento fica em uma espécie de registro emocional.

Toda vez que escutava alguém emocionado sobre suas desistências, percebi que se referiam a apenas duas palavras: amor e ser. **Desistir do amor é muito dolorido.** Era comum eu escutar e enxergar a dor por não terem ficado mais tempo com as pessoas que amavam, a dor por não terem declarado amor para quem amavam e a dor por não terem sido mais amorosos com a vida. A outra emoção intensa, ligada à questão de ter desistido ao longo da vida, se referia a desistir do ser. Algumas pessoas choravam na minha frente lamentando terem desistido de serem mais leves, serem mais calmas, serem mais espontâneas. Ninguém lamentava ter desistido do seu carro de luxo ou da presidência da empresa. A dor vinha não pela ausência das conquistas, mas pelo baixo reconhecimento do que fizeram e pela falta de capacidade de serem o que queriam ter sido.

Essa consciência faz muito mais sentido quando penso na minha vida. A ideia de viver a vida como se fosse o última dia é poética, mas não é prática. Mas podemos, sim, pensar a vida sob a perspectiva de finitude. Ao invés de tentar viver como o último dia, prefiro fazer a seguinte reflexão: se eu morresse hoje, teria vivido predominantemente (pois não acredito em ser total) a melhor vida que esteve ao meu alcance?

Não devemos temer tanto os fracassos. É difícil medir a linha tênue que separa o medo que protege daquele medo que paralisa. Mas uma coisa é certa: fracassos aconteceram, acontecem e acontecerão na vida de qualquer um. A ideia de que alguém nunca tenha fracassado também me parece falsa e cria um nível de crítica interna muito elevada. Porém, quando pensamos em não desistir daquilo que verdadeiramente importa na vida, temos uma capacidade de ação maior

Muitas vezes me deparei com pessoas vivendo de forma muito distante da vida possível ao seu alcance. Aliás, não se trata da vida idealizada; se trata da vida possível. Tudo aquilo que idealizamos costuma estar longe, e as maiores possibilidades estão nas decisões, ações e pensamentos possíveis.

Quando eu era criança, entre cinco e dez anos de idade, eu ia para a praia com meus avós maternos. Passavam na casa da minha mãe e nos dirigíamos a uma pequena praia no litoral do sul do Brasil. Como toda criança nessa faixa etária, basta andar alguns minutos e já pergunta se está chegando. Eu não era uma criança diferente, e logo perguntava para a minha avó: "Falta muito?". Minha vó, no alto da sabedoria dela, com toda calma sempre dava a mesma resposta: "Já faltou mais!". Ela costumava me provocar dizendo que quando havia me buscado em casa faltava mais ou então me fazia pensar que da última vez que perguntei faltava mais, afinal estávamos em movimento.

Aquela resposta, naquela idade, é confusa. Um pouco vaga, e eu nunca sabia se estávamos chegando. Porém, lamento profundamente que minha avó tenha falecido antes de eu poder dizer para ela o quanto essa frase está hoje conectada com meu trabalho. Muitas vezes este foi justamente o foco com clientes. Ajudá-los a enxergar que já faltou mais.

Somos condicionados a sempre enxergar o quanto falta. E sempre falta. Quando chegamos lá, o "lá" não está mais lá. Ele sempre se movimenta. Não chega a ser um problema, pelo contrário: é quando olhamos para o que falta que criamos nossas metas, desejos, vontades. É olhando para o que falta que criamos a capacidade de agir e nos movimentarmos em prol dos sonhos ainda não realizados. Por isso, não proponho que deixemos de olhar para o quanto ainda precisamos andar. O meu convite é para que também possamos olhar para o que já andamos.

Uma pessoa segura sabe reconhecer o que já andou. Mas ela não reconhece porque é segura. É o inverso: ela é segura porque reconhece.

E é justamente neste equilíbrio entre o que já andamos e o que queremos andar que se encontra a capacidade mais profunda de avaliar a vida. Ter percorrido o caminho que foi possível me parece ser o maior conforto em uma hipótese de fim da vida.

Minha sugestão é que você não viva todos os dias como se fosse o último. Você vai arranjar muitos problemas, frustrações e baixas conexões com coisas, pessoas e tarefas que não são essenciais na vida, mas são importantes.

Meu convite é para que você viva em busca de tudo o que for possível para que, no fim, tenha valido a pena.

22
Mais vendidos ou mais investidos?

Seja pela minha experiência como profissional do marketing por anos, ou pela própria experiência como escritor, aprendi que as listas de mais vendidos geralmente são as listas dos mais investidos.

Tem certas coisas que o dinheiro não deveria comprar. Sem dúvida uma delas é a capacidade de estar na lista dos mais vendidos ou na lista dos sugeridos, indicados, mais recomendados etc. A grande maioria dessas listas não passa mais por um filtro ou um tipo de curadoria. A grande maioria dessas listas é paga. Seja para livros, música, filmes e outras tantas categorias.

Lembro de uma situação onde eu queria muito que minha empresa ganhasse um determinado título, algo do tipo "empresa do ano". Muitos organizadores tornam este desejo muito mais fácil. Basta ser um bom patrocinador e logo terá o título. Mas, neste caso em específico, o pessoal buscava fazer tudo da forma correta. Ainda assim, é uma ilusão e vou explicar o porquê.

Tentamos por dois anos e não conseguimos o prêmio. Foi então que decidi ler e estudar o regulamento. Ao fazer isso, me deparei com duas questões morais que me incomodaram. Primeiro, o fato de que uma empresa é escolhida como "empresa do ano" sendo comparada apenas a um minúsculo universo de mais dez ou vinte que se candidataram ao mesmo concurso. Logo, não seria justo chamar de "empresa do ano", e sim, algo como "empresa do ano dentre a lista destas X empresas". Mas isso não vende. Não gera marketing. Não dá status.

Muito bem, vamos seguir então acreditando que este prêmio realmente valide que a minha empresa é a melhor deste ano. A segunda conclusão é que, para ganhar o concurso, bastava entender a lógica matemática por trás dos cálculos de avaliação. Por mais que houvesse uma banca de pessoas envolvidas em julgar o trabalho, era uma questão estatística. Quanto mais trabalhos a gente inscrevesse, maior a chance de ganhar pontos. Portanto, mais uma vez, havia uma relação financeira. Cada trabalho inscrito tinha um custo, e não era baixo. A empresa que mais inscrevesse trabalhos, mais dinheiro precisaria aportar, então suas chances saltavam profundamente.

Isso me parecia muito injusto. Toda empresa, no seu início (salvo raras exceções), não tem grandes condições financeiras. Dessa forma, as chances de ganhar um prêmio assim eram muito baixas. Não ganhando o prêmio, o mercado pouco contratava essa mesma empresa. Como inverter essa situação?

Justamente anos depois, quando havíamos conseguido uma situação financeira melhor, resolvemos que ganharíamos o desejado prêmio. Estudei todas as categorias e as melhores formas de inscrição. Dispomos de um valor maior para investir em todas as etapas e... ganhamos o prêmio. Éramos a empresa do ano! Egos inflados, família e amigos parabenizando, equipe empolgada.

Hoje olho para tudo isso e penso: que ilusão! Não fomos eleitos empresa do ano porque fomos os melhores naquele ano. Fomos escolhidos por sermos a empresa que mais investiu naquele concurso. Claro que tínhamos bons casos, de resultados comprovados, que garantiram que os avaliadores qualificassem como bons trabalhos. Mas esse tipo de caso de sucesso para contar, nós já tínhamos há anos. A diferença é que foi apenas naquele ano que conseguimos comprar a nossa própria promoção.

Há inúmeros exemplos disso. Este livro mesmo, por exemplo, se você o comprou em alguma gôndola de mais vendidos, lançamentos ou recomendações, existe uma boa chance de que, no fundo, seja fruto de um investimento entre a editora e o livreiro. Claro que há livros que realmente estão nesses espaços por mérito próprio, mas isso não é mais uma premissa.

Perdemos a curadoria de qualidade do que produzimos. Temos pressa e fala mais alto quem investe mais. Não importa tanto se é bom, o que importa é que indica possibilidade de venda.

E não sejamos ingênuos, mas nem tudo o que a sociedade compra é o melhor para ela. Basta ver coisas que você já comprou na sua vida. Nem todas foram realmente para o seu bem ou com a qualidade prometida.

Não me parece ser um fluxo natural quando uma parte significativa da sociedade compra algo sem qualidade. Mas a verdade é que certas coisas são empurradas para nós e já nos acostumamos a isso. Pensamos que estamos consumindo por escolha própria, quando, na verdade, estamos consumindo porque socialmente certas coisas se tornam obrigadas a serem consumidas.

Quantas vezes, diante de uma escolha de compra, você foi influenciado pela informação de que se tratava de um item mais vendido? Ou quando soube que é o item recomendado pela loja? Ou simplesmente por que estava destacado como lançamento e você seria um dos primeiros a ter?

Já expressei minhas ideias sobre o poder do marketing em um capítulo anterior, mas aqui fica a minha reflexão de que as listas de mais vendidos hoje são frágeis.

Uma vez estava em um evento, e o profissional que se apresentava antes de mim abriu sua fala se apresentando como o palestrante mais contratado naquele ano. O quê? Quem regula isso? Baseado no que isso pode ser dito?

Melhor empresa para trabalhar? Maior rede do país? Melhor índice de satisfação? Recorde de vendas? Maior retorno sobre o investimento?

Desconfio de tudo. Sei como funcionam estes bastidores. Pode ser verdadeiro, mas pode não ser. A indicação de alguém conhecido se tornou a única fonte pouco isenta sobre a opinião de uma determinada experiência.

O mundo moderno e as novas tecnologias deram voz a todos que a queiram ter. Não importa mais a

mensagem, alguém vai gostar. E neste novo cenário onde todos podem falar, quem fala mais alto acaba sendo escutado. O problema é que falar mais alto tem associação com dinheiro, e não com verdade ou qualidade. Nos mecanismos de busca, por exemplo, quem tem mais dinheiro para investir amplia a sua voz e fica na topo da lista. Mas qual a garantia de que seja bom?

Já existe um mercado amplo de seguidores que são pagos. Existem sites e aplicativos que vendem perfis "fantasmas" para dar volume ao seu. Medir alguém pela quantidade de pessoas que supostamente o seguem não parece ser a melhor forma. Pode se tratar apenas de uma pessoa que investiu dinheiro e não que, verdadeiramente, ofereça algum conteúdo que um número expressivo de pessoas tenha interesse.

Eu mesmo, embora nunca tenha comprado seguidores (ou curtidores) tenho muita gente que me adicionou apenas para que eu pudesse conhecê-los, tendo o objetivo que eu vire seguidor deles. Não se trata de pessoas verdadeiramente interessadas em ler minhas mensagens.

Sendo assim, os "mais investidos" todos nós conseguimos saber. Sobre os mais vendidos, essa informação já não é mais tão relevante para mim.

23
Ética não pode ser ilusão

Roubar dinheiro público é falta de ética. Ninguém questiona isso. Mas furar a fila também é.

E é sobre essa ética – ou no caso a falta dela – que eu quero refletir aqui neste livro. Comportamentos antiéticos estão presentes em toda sociedade. E ninguém me ilude com o papo de que somente faz algo errado porque outros também fazem (ou fariam). Um pensamento atribuído ao inglês G.K. Chesterton diz o seguinte: "O certo é certo, mesmo que ninguém o faça. O errado é errado, mesmo que todos se enganem sobre ele".

Alguns conceitos sobre o que seria ético ou não são relativos. Podem existir visões sociais, filosóficas ou até mesmo antropológicas que deixam o assunto sem um consenso. Outro fator que pode alterar certos princípios se refere ao momento em que estamos observando. Em épocas antigas, questões raciais eram tratadas sem serem consideradas antiéticas. Ninguém questionava o perfil ético se um branco quisesse ter um escravo negro. Isso era uma prática corriqueira. Levou anos para que este assunto fosse revisto, e hoje seria um total absurdo. Mas nem sempre foi assim.

Teve épocas em que era comum mandar queimar na fogueira certas pessoas, principalmente se fossem consideradas bruxas por terem práticas suspeitas para uma determinada classe social. Também tivemos épocas em que as mulheres eram tratadas de forma muito inferior a que são hoje e isso não representava falta de ética. Levou muito tempo para que as pessoas, de fato, começassem a rever o conceito de que os homens recebiam salários mais altos, por exemplo. Embora isso infelizmente ainda aconteça, havia uma época em que nem mesmo era questionado. Não havia a noção de uma possível falta de ética diante dessa postura.

Mas alguns comportamentos são inquestionáveis. Não são éticos e ponto final.

A vaga preferencial no estacionamento para idosos, gestantes ou cadeirantes só é sua caso você de fato for um idoso, gestante ou cadeirante. Caso contrário, ela não é sua. "Ah, mas tem várias vagas sobrando deste tipo." Não importa, ela não é sua. "Ah, mas vão ser só cinco minutos." Ela não é sua. "Ah, mas o carro do lado também não é preferencial e ocupou a vaga." Você não entendeu, ela não é sua.

O troco que veio errado não é seu. "Ah, mas eles cobram muito caro." Ok, mas o dinheiro não é seu. "Ah, mas se fosse o inverso eles não me devolveriam." Que pena, mas este dinheiro não é seu. "Ah, mas se eu devolver ficarei com cara de otário." Então seja, pois você ainda não entendeu que este dinheiro não é seu.

Usar sem pagar algo que todos pagaram para ter não é esperteza. É errado, é antiético, é vergonhoso. "Ah, mas eu consegui porque sou esperto." Não, você é malandro mesmo. "Ah, mas já vi outras pessoas fazendo isso." E daí? Se sempre pensarmos assim, essa roda maligna vai acabar quando?

A ilusão da desculpa faz com que o conceito de ética varie de acordo com os interesses individuais, enquanto a palavra ética se refere muito mais ao coletivo. Mas também me parece importante compreender que ética não é um conceito já finalizado, é uma palavra em transformação, de acordo com as culturas e as novas gerações. A ética existe para que possamos conviver da melhor forma possível. Cumprir as regras para que todos possam se relacionar, mesmo sabendo que as regras possam mudar.

A capacidade de julgar ético ou não tem uma relação direta com a liberdade de escolha. Diferente dos outros seres, o ser humano tem a possibilidade de escolher fazer o que é certo ou errado. E é neste momento que a ideia de estar tendo ética ou falta dela pode ser avaliado. A partir dos conceitos estabelecidos, que se alteram a cada novos ciclos da sociedade, outros tantos vão também agregando ao tema.

Em épocas passadas não havia a distinção entre um crime culposo ou doloso. Para a vítima não faz muita diferença se o que lhe ocorreu tinha a intenção ou não, mas para o réu sim. Esta simples mudança alterna a noção de ética. A relação de casamento, fidelidade e felicidade surge na era do romantismo e predominantemente ainda vivemos neste modelo. Mas isso, novamente, altera a noção do que seria o certo e o errado e, portanto, altera a noção ética sobre relacionamentos amorosos.

Em um mundo com pressa, focado no consumo e no capitalismo, o ato de não fazer nada (seja por preguiça ou por escolha) começa a ser questionado. Tenho a sensação de que corremos o risco de, em breve, criarmos a definição de que não fazer nada é falta de ética.

Portanto, a noção de ética precisa, na minha opinião, ser vista por estes dois aspectos. Um mais prático e do nosso cotidiano, focado no bem-estar coletivo. E outro mais profundo, focado em questões culturais e sociais.

Outra questão que considero importante para a reflexão sobre a ética está no fato de que nunca debatemos tanto este assunto. E isso é ótimo. As crianças de hoje já crescem em um ambiente onde isso é debatido.

Já eu sou da época onde colar na prova de ética era a coisa mais divertida do mês. E pior: meus pais, tios, avós e outras tantas figuras de referência para mim achavam aquilo tudo engraçado e me davam o rótulo de menino esperto. Não quero propor um mundo politicamente correto, até porque acho isso muito chato também, mas assim como pai e vivendo nestas novas épocas, não me vejo rindo e elogiando o meu filho por ter criado uma estratégia de passar de ano sem precisar estudar. Talvez ele até venha a fazer isso. Mas eu não preciso aplaudir. Não que meus pais e familiares fossem antiéticos, muito pelo contrário. Venho de uma educação repleta de muitas conversas sobre o que é certo ou errado de se fazer. Porém, meus pais não tinham a mesma profundidade sobre o tema ética como eu tenho hoje na posição de pai. **O debate sobre ética deixou de pertencer a grandes pautas e participa do nosso dia a dia.**

Eu roubei o carro do meu pai para dirigir sem carteira de habilitação. Junto com colegas, inventei uma história de bomba na escola apenas para não ter aula. Modifiquei minha carteira de identidade para entrar em uma festa para maiores de dezoito anos. Falsifiquei a assinatura dos meus pais em uma entrega de boletim com péssimas notas. Antiético, eu? Sim.

É importante deixar o moralismo de lado e entender que todos nós, em algum momento, não somos éticos. Meu filho vai fazer dessas coisas também? Talvez sim. Mas não com meu estímulo.

Anos depois, me peguei fazendo coisas piores. Na ânsia por ganhar dinheiro, na época em que era empresário, fiz coisas que com certeza não eram éticas. E sabe onde mora a ilusão? Em acreditar que eu fazia isso porque faz parte do sistema. Porque é a única forma de ganhar dinheiro. Porque é assim que todos fazem.

Hoje penso muito diferente. Quero poder ser o cidadão que eu gostaria de ter à minha volta. Renuncio a muitas coisas em prol de ser mais ético. Promovo esse debate em prol de uma sociedade melhor. Levanto essa bandeira em meio às pessoas que ainda acreditam que ser honesto é ser babaca. Relato essas fases da minha vida para ilustrar que o próprio conceito individual de ética se aprofunda e se altera conforme nós mesmos vamos olhando para ele.

Hoje olho para o mercado empresarial e vejo muita falta de ética ainda presente, mesmo que o debate esteja cada vez mais ampliado. Já faltou mais. Mas ainda temos

Não me iluda!

muito o que caminhar nessa jornada de um senso de ética na esfera prática.

Existem duas formas de desviar dinheiro público. A primeira é roubando o dinheiro que já está nos cofres públicos, prática recorrente adotada por boa parte dos políticos. Quando se trata do Brasil, chega-se a ter a sensação de que essa atitude já está tão estabelecida que os próprios políticos já nem enxergam mais o que está ocorrendo. Infelizmente.

Mas existe uma outra forma de desvio de dinheiro público. Ocorre quando desviamos o dinheiro a caminho dos cofres públicos, ou seja, a sonegação. E não vamos nos iludir dizendo que podemos deixar de pagar os impostos simplesmente porque eles são abusivos.

No Brasil, escuto muitos donos (ou presidentes) de empresa dizendo que não podem pagar todos os impostos ou até mesmo encargos trabalhistas pois, se assim for, seus negócios deixam de ser lucrativos. Será? Acredito que existam, sim, casos em que isso possa ser uma verdade, mas mesmo assim não justifica que se diga que é uma atitude ética. Para mim, o que ocorre é que o topo da pirâmide empresarial é gananciosa. Costumam fazer este discurso de que a conta não fecha se pagarem os impostos sentados em suas luxuosas salas. Vivemos uma desigualdade de renda que também não fecha a conta. Temos um funcionário de base ganhando um determinado salário e, no topo, o dono ganhando cem, duzentas, trezentas vezes mais.

Não digo isso com nenhum tipo de viés socialista. Por sinal, não acredito no socialismo. Quem produz mais merece ganhar mais. Porém, abordo essa questão para levantar a reflexão de que, para ser ético no dinheiro que, por lei, precisa ir para o governo, talvez seja necessário pensar em toda a relação entre trabalho e renda. Países com baixa (ou baixíssima) corrupção são países com rendas mais próximas, sem essa imensa distância entre os opostos.

Seria ético ganhar dois zeros a mais do que um outro colega na mesma empresa? O fato de uma pessoa ter mais qualificações, ou até mesmo de gerar mais resultados, justifica tamanha diferença? Não tenho a resposta clara. Mas adoraria o debate pelo viés da ética.

24
Criança nenhuma merece pais "perfeitos"

Foi justamente quando minha esposa ficou grávida que começamos a entender a complexidade real de ser pai e mãe. Na época, recebemos de uma amiga um artigo que explicava o conceito do *Slow Parenting*. Ficamos encantados e criamos no Brasil um blog chamado "Pais Sem Pressa" (www.paissempressa.com.br) para compartilhar nossas visões e experiências.

Nessa relação entre pais e filhos, mais uma vez vemos a ilusão de que tudo é encantador e que bonito mesmo é ser um pai ou uma mãe perfeitos. Mas pais de redes sociais não são referência.

Vamos começar pela questão da ilusão de que tudo

na chegada de um filho é encantador. Não é, mas ninguém lhe diz. Sou um apaixonado pelo meu filho e faria tudo novamente só para tê-lo ao meu lado. De fato, minha vida se ampliou com sua chegada, e somente quando temos um filho entendemos o amor de forma incondicional.

Mas quando ele nasceu sinos não bateram, estrelas não caíram e não ouvi estalos vibrantes no meu ouvido. O mundo não se encheu de amor naquele instante. Ali foi o início. Marcante, obviamente, mas um início. Todas as relações amorosas dependem de um tempo para que as pessoas se conectem profundamente, mesmo com os filhos. No começo o encantamento é com o ato de ter um filho, uma família, um legado, uma vida diferente. Mas a conexão específica com aquele ser humano é gradativa, principalmente para o pai, que não o carregou na barriga.

Ter filho dá trabalho. E muito.

O meu filho, em específico, chorava muito logo nos primeiros meses em que nasceu. Um choro constante. Durante a noite, claro. As visitas saíam da nossa casa elogiando o quanto ele era calmo, mas bastava sair a última pessoa pela porta que o choro iniciava e só iria acalmar mesmo, ao nascer do sol. Demoramos um tempo até pegar ritmo e a descobrir que o leite materno não estava sendo o suficiente para nutrir as suas primeiras necessidades.

Lembro de uma madrugada em que eu e minha esposa juntos tivemos um ataque que misturava raiva e tristeza. Parecia que nunca mais voltaríamos a dormir na vida. A boa notícia é que a gente volta. A má notícia é que provavelmente nunca mais da mesma maneira.

Íamos a encontros com amigos que tinham filhos das mesmas idades, e a maioria relatava que seus filhos dormiam horas seguidas com tranquilidade. Seus filhos já andavam, já falavam. Pareciam perfeitos. E eu me sentindo um estranho. Meu filho chorava, não andava e não falava. Eu não estava vinte e quatro horas por dia conectado com ele e não achava que o mundo agora era só amor.

As contas continuavam a chegar, o sono continuava a existir, a vontade de sair com amigos, com a esposa ou sozinho, também continuava. Sentia-me quase culpado por esses sentimentos. Na verdade, sinto-me culpado até hoje por estar escrevendo isto aqui, neste livro, neste momento. O que os outros vão pensar? Que eu não amo meu filho? Que sou um egoísta? Pode ser. Mas, no meio de um mar de opiniões sobre paternidade, apenas duas verdadeiramente me interessam. Em primeiro lugar a dele, obviamente, e depois a da mãe dele, minha esposa.

Fomos até o pediatra pegar apenas uma indicação do que fazer com relação ao choro e lembro de ele ter dito: "Só existem dois tipos de mães. Aquelas que têm filhos que dão trabalho e aquelas que mentem." Nunca mais esqueci daquela frase. Ufa! Não me iluda!

Sendo assim, a questão central passa a ser que tipo de pais queremos ser, dentro das nossas possibilidades. **Não temos controle sobre o filho ou a filha que teremos.** Somos grandes influenciadores, mas não temos este controle. Podemos, de fato, apenas focar no pai e na mãe que somos para eles.

Mas vale reforçar que se trata de uma reflexão interna. Tem muita gente que está mais preocupada com o perfil de pai ou mãe que vão expor do que o perfil que de fato serão para os seus filhos. Virou um certo modismo tentar mostrar que são pais perfeitos.

Não me iluda!

Quando eu nasci, havia uma frase popular que dizia "quando nasce um filho, nasce uma mãe". Em tempos modernos, há uma piada na internet que diz que "quando nasce um filho, nasce uma blogueira". Todas querem dar dicas de como são boas. Mas as únicas pessoas que podem mesmo dar este aval serão os próprios filhos.

Desde que meu filho nasceu, eu escolhi estar mais presente em casa. E não existe este tipo de escolha sem renúncias. Qualquer um tem o direito de ser um pai ou uma mãe que opta por ficar com os filhos apenas no tempo que sobra entre as tarefas de ganhar dinheiro. Na realidade, a grande maioria faz isso. Dizem aos filhos que estão trabalhando e ganhando dinheiro para dar condições melhores para eles. Mas depois das condições básicas de vida, o que os filhos mais querem são os pais presentes.

Mas estar presente é subjetivo. O quanto é bom? Quando é adequado? De que maneira? Não sei. Não conheço sua vida e não escrevo este capítulo com o objetivo de apresentar alguma fórmula de divisão de horários e tarefas. Tem pessoas que não podem ajustar suas agendas de trabalho. Outras se ocupam com atividades nos finais de semana. Outras viajam muito. Há aquelas pessoas que já têm mais filhos, e suas atividades estão divididas de forma a se envolverem nas agendas de todos. Cada uma sabe como é sua rotina, suas necessidades e suas prioridades.

Porém, continuo acreditando que estar presente é o melhor presente. Ficar o quanto for possível. Ficar o quanto for confortável. Ficar o quanto for exclusivamente presente (sem as distrações de tecnologia).

O restante passará a ser obrigações de pais e mães. O restante você não terá escolha. Levar no médico, na escola, na casa dos amigos. Dar banho, fazer o tema de casa, escovar os dentes. Conversar, xingar, impor limites. Essas tarefas não são opcionais, e isso também pouca gente lhe diz antes dos filhos chegarem. Alguns homens ainda acreditam que podem escapar das tarefas chatas que uma criança precisa. Conheço pais que não trocam fralda, não dão banho, não levam no médico ou nunca foram à escola. Direito deles? Claro que sim. Mas a conta um dia poderá chegar.

Gosto sempre de perguntar: "Você quer ser um pai que não faz essas tarefas?" ou "Quando teu filho quiser saber quem fazia essas tarefas e a resposta for apenas a mãe, você ficará confortável?". Se a resposta for afirmativa, então ok, pelo menos há uma coerência. A questão é que não existe pai presente sem estar presente em tudo.

Mas isso não significa abrir mão de tantas outras coisas que a vida tem a nos oferecer. Isso não significa que devemos buscar ser pais perfeitos. Essa perfeição é poesia e utopia.

Para provar que somos pais perfeitos, precisamos ter filhos perfeitos, e é aí que começa a entrar o conceito do "pais sem pressa". O risco se torna de transferir para os filhos todas as frustrações que tivemos. Os filhos passam a ser "obrigados" (coloco entre aspas pois isso nunca é aberto) a seguir o caminho que os pais não seguiram. **Dar aos filhos aquilo que os pais não tiveram é bonito, mas nem sempre é assertivo.** Por isso, sempre sugiro que os pais se concentrem em dar para os seus filhos aquilo que eles precisam. E, novamente, somente estando presente são capazes de entender essas necessidades ou desejos.

Não me iluda!

Você sabe a comida preferida do seu filho? E o desenho animado ou filme preferido? Para qual lugar ele mais gostou de viajar? O nome do melhor amigo? E o da professora? O que ele mais gosta no quarto dele? Qual atividade ele não gosta de fazer? Quanto ele calça? Qual o nome do(a) pediatra? Você tem o telefone dele(a)? Ele já teve cáries? Tem alergia? Já expressa algum sonho? Qual presente ele mais gostaria de ganhar?

Se você não sabe a maioria dessas respostas, é dessa presença que estou me referindo. Não me iluda com as fotos de pai ou mãe perfeitos nas redes sociais. Em cada postagem sua, quem ganha algum tipo de carícia lá é você, e não o seu filho.

Acho no mínimo engraçado quando vejo pais dando recados bonitos para seus filhos pelas redes sociais. Mensagem no aniversário, no Dia das Crianças, no Natal, na Páscoa, no dia que passou na prova, no dia ensolarado. São tantas mensagens que sempre me pergunto: "para quem são, verdadeiramente, essas mensagens?". Às vezes a criança nem lê! Ok, pode ser apenas uma homenagem pública. Bonito. Já fiz também. Mas precisa disso a toda hora? Acha mesmo que é isso que qualifica o papel de pai e mãe?

Filhos precisam de pais nas horas boas e nas horas ruins. Pais para conversar, brigar e impor limites. Assim como pais para brincar e gargalhar. Pais para conversar, provocar reflexões. Pais que gostam de falar, e pais que gostam de ouvir.

A ideia do "pais sem pressa" é essa. Deixar de lado a ilusão de que essa relação é só alegria, mas ao mesmo tempo diminuir a alta expectativa que se faz para que os filhos sejam os melhores possíveis. Querer que eles sejam os melhores da escola, do futebol, do balé e da língua estrangeira é ansiogênico demais.

Superpais querem superfilhos, e essa pressão não costuma ser boa para ninguém. Seria muito mais enriquecedor para as crianças se os pais usassem essa energia em estarem presentes, ao invés de tentarem "parecer ser" pais perfeitos, cultivando o amor (sem legendas) e gerando estímulos positivos.

25

Baixa tolerância
à frustração

Sou de uma geração que cresceu podendo querer tudo. Mas nem tudo se concretizou. Mesmo assim a gente quis. Ensinaram-nos que podíamos querer. Como já descrito neste livro, a autoajuda pareceu ser o caminho mais rápido para profetizarmos todas as nossas vontades. Mas a vida não se mostrou assim.

Minha maior dificuldade até hoje é desenvolver minha tolerância às frustrações que inevitavelmente a vida segue me trazendo. E essas mesmas frustrações seguirão ocorrendo, pois as fases da vida são cíclicas. O crescimento contínuo, como uma espécie de linha reta eternamente pra cima, também é uma ilusão. Os ditos vencedores nem sempre vencem.

Não me iluda!

Batemos palmas quando nossos ídolos estão em alta, mas esquecemos deles (e portanto não sentimos as suas dores) quando eles estão em baixa. E acredite, eles também têm fases de baixa.

Uma das maiores armadilhas para uma pessoa vitoriosa cair é justamente achar que será vitoriosa em todas as suas novas etapas ou novos projetos.

No ano de 2013, vivi meu primeiro ciclo de vida pública. Em menos de um ano, já estava sendo chamado para uma série de entrevistas e uma grande quantidade de convites para palestras estavam aparecendo. Pessoas me reconheciam na rua e me paravam para dar feedback sobre meus livros ou apresentações que eu havia realizado. Era uma fase fantástica, cheia de reconhecimento e nada parecia frustrante. Mas aí também começaram a vir as críticas. Primeiro comentário negativo sobre o meu livro, primeira palestra sem grandes aplausos, primeiro cliente que quis o dinheiro de volta.

E agora? Como posso eu, logo eu, estar vivendo isso? O que houve com minha luz? Sentia-me em uma fase escura. Precisava buscar a iluminação. O que eu ainda não sabia é que, quando encontramos a luz, nos sentimos tão poderosos que nos encorajamos a dar um passo além. E é justamente porque caminhamos para um lugar novo que o cenário volta a escurecer.

Eu me sentia nessa energia iluminada quando escrevi o primeiro livro, O *Encantador de Pessoas*, lançado em 2013. Essa potência toda me encorajou para novos ciclos. Descobri-me amante de livros e quis dar um passo adiante como escritor. Busquei um novo lugar, e as coisas voltaram a escurecer.

Escrevi dois livros nos anos seguintes, *À Sombra da Cerejeira* e *Ponto Ágape*, ambos lançados em 2015, através de um novo estilo literário. Senti que estava pronto para escrever livros de romance, "o cara" em criar histórias intrigantes envolvendo a palavra mais importante (pelo menos para mim) nas nossas jornadas: o amor. Mas escureceu. Estes dois livros não venderam nem perto do que o primeiro havia vendido. Não foi comentado na imprensa. Não gerou novos convites para novos mercados. Era preciso aceitar a frustração. Nem tudo dá certo. E o mundo não tem a obrigação de me dar aquilo que eu, e somente eu, entendo ser merecedor. Deixar de ser tão egocêntrico e acreditar nos ciclos.

Seguir a caminhada.

Meu trabalho seguiu tendo bons momentos e mesmo com as frustrações de novas tentativas, minha carreira estava em ascensão. Mas aquela decepção era marcante. Me impedia de ver a parte boa. Logo eu, que falava tanto em ampliar o lado bom. Logo eu, que acreditava que o caminho era mais importante que a jornada. Logo eu, que sabia que era preciso valorizar o quanto já havíamos andado.

Em meio a este crescimento, já pouco acelerado, mas ainda presente, resolvi que era o momento de lançar um sonho ao universo: levar meu trabalho para Portugal. Assim como até hoje nunca ocorreu um fato milagroso que fizesse tudo acontecer, meu trabalho lá dependeu de pedir ajuda.

Aliás, pedir ajuda não é uma fraqueza, como muitos ainda pensam. Pedir ajuda é uma das formas de tornar o caminho um pouco mais fácil. E muita gente me ajudou nessa caminhada. O objetivo aqui não é detalhar como foi que iniciei minhas atividades em terras lusitanas, mas o

Não me iluda!

fato relevante é abordar as frustrações que ocorrem em absolutamente todas as jornadas.

Em um determinado momento eu consegui fechar a minha primeira palestra. A vida idealizada havia voltado a se manifestar. Eu voltei a me sentir iluminado e já conseguia visualizar um teatro lotado, mais de quatrocentas pessoas aplaudindo em pé a minha primeira apresentação por lá.

Mas a vida idealizada não é a vida real, e dessa forma a real perde valor. Cheguei ao auditório e vi que era muito pequeno, não caberia mais do que cinquenta pessoas. Faltavam cinco minutos para começar o evento e não havia mais do que quinze pessoas presentes. Dá para imaginar a frustração? Logo eu que havia palestrado no Brasil para auditórios lotados. Logo eu que já tinha me apresentado para uma plateia de oito mil pessoas. Logo eu que já estava me acostumando a ser aplaudido em pé. Logo eu que, ingenuamente, achei que não me frustraria mais.

Lembro neste dia de ter pensado no que eu iria contar quando voltasse ao Brasil. O que eu poderia postar nas redes sociais? Como conseguiria publicar uma foto de um auditório tão pequeno?

Mas a verdade é o que acalma, e o sentimento de que não somos assim tão diferentes nos conforta. Voltei ao Brasil e contei exatamente como foi. E sabe o que aprendi? Que a frustração era só minha. Nenhum amigo ou familiar ficou frustrado como eu. No máximo eles ficaram surpresos, mas jamais decepcionados. Eu precisaria aprender a lidar com isso.

O colo da minha mãe já não bastaria. As palavras motivacionais do meu pai não pagariam a conta. A con-

fiança da minha esposa não me encorajaria. A frustração precisava ser vivida.

Mas, como dito antes, são ciclos. Havia uma pessoa naquela minúscula plateia que me assistiu e me convidou, meses depois, para um grande evento na cidade do Porto, em Portugal. As conexões fizeram sentido, e eu voltei a me sentir brilhando.

Era quase como um sentimento de bipolaridade. O evento no Porto foi um sucesso, e então me senti potente para lançar meu livro. Fechei contrato e, um ano depois, o livro foi lançado. Meu sentimento de iluminação me levou a idealizar que o livro seria muito comentado e que, ao lançamento, iriam milhares de pessoas. Mas voltei a escurecer. Foi mais um livro sendo lançado. O caminho precisava ser caminhado, e a crença de que existem saltos mágicos voltou a ser questionada.

Essa é a vida real.

Logo eu que sei que devemos ter uma tolerância maior às frustrações. Logo eu que sei que nada de ruim é eterno. Logo eu que sei que as vitórias não são garantias futuras.

Agora me pego aqui, sentado ao lado do meu filho, explicando que estou escrevendo um novo livro, na expectativa de que seja impactante, revelador e esclarecedor. Logo eu que, no fundo, no fundo, quero que o livro seja mesmo um sucesso.

26
Politicamente saudável

A vida politicamente correta está ficando chata demais. Obviamente, não estou fazendo nenhum estímulo ao fato de deixarmos de ser corretos. Acredito muito na necessidade do aumento de senso ético, como já escrito anteriormente. Mas essa vida perfeitinha está me iludindo demais. Pode ser bem educada, mas é chata e demasiadamente idealizada. Não é prática.

Entre o correto e o incorreto, podemos buscar uma posição saudável. Porém, não acredito em um modelo de sociedade mais saudável se não for através da verdade nas relações. Esse é meu maior desejo com este livro: provocar as pessoas a questionarem mais tudo o que consomem como sendo verdadeiro e se preocuparem menos em manter a imagem de "vida perfeita".

Não me iluda!

Quando subestimamos a nossa inteligência, passamos a copiar aquelas pessoas que julgamos serem inteligentes. Daí saímos a repetir jargões, receitas, dicas e fórmulas. Ficamos fixados em uma espécie de vício sobre como seria viver a vida sem erros, frustrações, decepções, tristezas e medos.

Até podemos tentar copiar a inteligência. Mas o problema começa quando entendemos que copiar a vida feliz dos outros não nos traz felicidade. É algo semelhante a tentar copiar a beleza, o carisma ou a confiabilidade de alguém. Isso não nos garante que seremos bonitos, carismáticos ou confiáveis. Em qualquer relação um pouco mais longa, isso não se sustentará caso não seja verdadeiro.

A felicidade se pratica e não se prega. "Parecer ser" nunca abastecerá mais a nossa alma do que verdadeiramente ser. Confesso que eu desconfio, profundamente, de quem precisa o tempo todo dizer aos outros o quanto é feliz.

Fazendo uma brincadeira com os títulos dos capítulos até aqui, proponho uma reflexão sistêmica. **Não estou mais lá**. A vida andou e eu já aprendi a **observar, questionar, refletir e nem sempre responder**. Posso ser dono do meu tempo e das minhas opiniões, fugindo da obrigação de sempre ter que ter uma opinião. Ser mais observador da minha própria jornada.

Assim como tantos processos que prometem um caminho mais fácil para a vida desejada, **o processo de coaching pode ser perigoso**. É necessário compreender que não há atalhos ou mágicas e ninguém poderá caminhar o meu caminho. Pessoas podem, e às vezes devem, apoiar, mas a capacidade de encarar um passo de cada vez seguirá sendo minha.

Tenho deixado um pouco mais de lado as **dez dicas para ser feliz ou os sete passos para ter riqueza**. Essas dicas garantiram (ou não) algo para seus autores, mas meu caminho é diferente, por ele cruzaram outras pessoas, possuo outros desejos e tenho outros propósitos. Tenho inteligência suficiente para criar as minhas próprias dicas e aceito as dos outros apenas como uma reflexão, e não como um mapa a ser seguido.

Cansei de ficar vibrando na energia do **você quer, você pode**, e decidi colocar menos energia no que quero e mais energia no que posso fazer. A ação se mostrou soberana a todas as minhas crenças. O **"Pense positivo e terá o que quiser"** me iludiu a uma vida que se apresentava de forma milagrosa. Não existe destino sem caminho, e não há como caminhar apenas no pensamento.

Hoje busco diminuir **a supervalorização do esforço**. Quero poder usufruir, aprender e compartilhar os aprendizados. Quero refletir sobre a pessoa que me tornei e não mais propagar o quanto eu me esforço para ser quem tento ser.

Não quero mais acreditar que **dinheiro não traz felicidade**. Prefiro admitir que dinheiro, de uma forma direta ou indireta, se relaciona com meus sonhos e por consequência, possui alguma influência na minha felicidade. O que não traz felicidade é a minha ganância, e isso é bem diferente. Parece tudo mais simples quando entendemos o que verdadeiramente é importante para nós. O difícil é ser simples.

Quero conseguir ser menos consumista e passei a admirar quando alguém pergunta se **você precisa mesmo disso?** Nunca foi tão urgente a necessidade de parar e refletir. Desligar-se das **redes pouco sociais** e nutrir com mais qualidades as redes das pessoas que intimamente me cercam.

Não me iluda!

Não nos ensinaram a errar e por isso mesmo se torna difícil reconhecermos que algo não foi bom e que é necessário refazer. Mas é o momento de eu refazer meus próprios conceitos. Aprofundar as minhas verdades e aprender a me motivar por aquilo que vivo e não somente por aquilo que leio ou escuto. Somente dessa forma conseguirei estar mais íntegro e mais equilibrado, ficando livre para explorar o maior sentimento, que justifica todo nosso percurso, o amor. Mas **o amor sem legendas**, aquele que não precisa de explicação ou exposição. Ele apenas é porque é.

Deixar essas emoções fluírem com mais liberdade, sem medo do caminho e sem medo de caminhar. Entender que quando a vida me diz **"dê o seu melhor"**, eu preciso antes exercer o meu poder de escolha naquilo que verdadeiramente me interessa ser feito da melhor maneira possível. Assim como posso escolher não ser o melhor em tudo.

Viva o agora, porém agora é o que me parece mais real para encarar todas estes desafios que a vida, obrigatoriamente, traz para todos. É impossível viver sempre no presente, mas preciso aprender a colocar mais energia no exato instante em que me dedico a estar envolvido com algo.

Parar de correr em busca de sempre mais. Isso é sem fim. **Preciso mesmo sair da zona de conforto?** Tudo o que já conquistei até hoje foi para chegar neste maldito lugar confortável. Por que agora tenho que sair? Não quero mais trocar o que eu já tenho por aquilo que quero ter. O meu objetivo se tornou somar e assim considerar tudo o que já conquistei. **Vencer ou viver?** Viver. Em toda sua amplitude e complexidade. As vitórias nunca dependem só de mim. Viver, sim.

Em meio a épocas onde **todo mundo quer mudar**

o **mundo**, eu quero primeiro arrumar as coisas à minha volta. Quero evoluir como pessoa e ajudar na evolução da sociedade na qual estou diretamente inserido. Se isso chegar a níveis mundiais, que bom. Caso contrário, terá valido a pena ter feito alguma diferença.

Encontrei muitas sugestões do tipo: **elimine seu ego ou elimine seus desejos**. Respeito muito quem espalha essa ideia, mas parei de querer brigar com meu ego. Ao invés de eliminá-lo, prefiro aprender a me relacionar com ele e deixá-lo se manifestar somente nos momentos adequados. E sobre meus desejos, são meus e ponto. Estou incomodado com a quantidade de pessoas dizendo como devo viver. Família, amigos, colegas, anônimos de redes sociais. Todos querendo me convencer que sabem uma forma melhor de viver. Até as empresas agora querem definir a vida dos seus funcionários. Elas esquecem que existe um **limite moral das empresas na gestão das competências**. A mudança é algo pessoal e intransferível.

É necessário deixar um pouco das mensagens alheias de lado. E não só as mensagens, é necessário entender que a jornada do outro é do outro. Perguntar **porque este idiota ganha mais dinheiro do que eu** não muda em nada a minha jornada. A comparação não deve ser com os outros, e sim comigo mesmo, com quem eu era alguns passos atrás.

Todos nós temos problemas, e independente do conceito do que seja felicidade, ela não está relacionada à ausência dos problemas, mas na forma como os encaramos. É por isso que também questiono as mensagens que me convidam a **viver todos os dias como se fosse o último**. Isso é utópico. É poético, mas não é prático. Não é dessa forma que podemos avaliar uma vida que valha a pena.

Não me iluda!

A vida possível é a única coisa que está ao nosso alcance neste momento. O resto é sonho e fantasia. Preciso ampliar a minha capacidade de escolher aquilo de que vou me nutrir. Não subestimar minha inteligência. Questionar a lista dos **mais vendidos ou mais investidos?** Nem tudo que me ofertam me faz bem. Nem toda promessa é verdadeira. E ninguém me rouba o direito de concordar ou não.

Mas para que possamos ser uma sociedade melhor, precisamos também encontrar uma forma de vivermos em harmonia. Respeitar as jornadas de cada um e jamais esquecer que **ética não pode ser uma ilusão.** A ética é justamente este agrupamento de normas que estabelecemos de forma a vivermos melhor. A única forma coerente de questioná-las é primeiro respeitá-las.

E, por fim, dedicarmos o nosso tempo a deixarmos algum legado. Entendermos que o **tempo que o tempo tem** é uma liberdade e uma decisão individual. Ao invés de deixarmos um mundo melhor para os nossos filhos, nos preocuparmos em deixarmos filhos melhores para mundo. Não por romantismo, mas por necessidade. Compreendermos que **criança nenhuma merece pais perfeitos**, e que essa busca apenas os tornará adultos frustrados. A vida é completa nos acertos e nos erros.

A vida é aquilo tudo que fazemos e deixamos de fazer, sem jamais chegarmos a uma definição que contemple todas essas possibilidades.

27
A incrível história de Ozires

Pontos finais podem ser vírgulas.
Certa vez conheci um senhor chamado Ozires. Um peregrino com seus cabelos brancos, pele um pouco marcada do sol e com um sorriso predominantemente presente. Em uma conversa com Ozires sobre o sucesso, ele me disse que andava assustado com a quantidade de pessoas fantásticas no mundo que estavam fazendo coisas fantásticas. Dizia ele que se preocupava, pois agora todos pareciam perfeitos e detentores de grandes sucessos. Sucessos estes repentinos, frutos de uma espécie de luz divina. Ozires questionava: se Deus existe e tem este poder de iluminar o sucesso de uma pessoa, por que ele escolhe uns e não outros?

Não me iluda!

Ele me dizia que não teria muito o que argumentar e conversar comigo sobre isso. Como um bom peregrino, tudo que ele havia conquistado na vida havia sido passo a passo. Um de cada vez. Desfrutando do benefício de que é devagar que a vida vai dando certo. Ele acreditava muito nas energias divinas, na sua espiritualidade, nas conexões quase inexplicáveis. Mas, acima de tudo, Ozires acreditava em Ozires.

Os cabelos brancos já haviam lhe dado a leveza da vida. Sabia que bastava continuar caminhando, sem temer o caminho, na fé de que tudo faz sentido.

Cruzei com Ozires em uma caminhada. Estávamos lado a lado e pudemos passar horas refletindo a vida. Eu, ainda com toda minha ânsia por viver, resolver minhas inquietações e responder minhas mais profundas questões. Ele, com toda calma, mais preocupado em observar do que em responder.

Mas o seu passado nem sempre foi assim. Ozires teve muitas frustrações, sonhos que não deram certo. Ele sabia que tinha chegado naquele lugar por sua persistência e intensa aposta na jornada. Ozires não tinha conseguido fazer tudo o que queria. Ele errou, se arrependeu, voltou atrás. Mas caminhava sempre procurando fazer o melhor que estivesse ao seu alcance.

Contava que tinha aprendido a usar a palavra "ré", onde nem sempre ela significava andar para trás. Aliás, um caminhante nunca anda para trás. Tudo faz parte do caminho. Mas ele havia aprendido a força das palavras recomeçar, reorganizar, reaprender, recuperar, refazer...

Ozires não foi perfeito, mas tentou. Na busca por atalhos ele se perdeu. Na gula da vida ele se engasgou e aprendeu a cuspir. Ele tinha um olhar potente, que conseguia ser distante e profundo ao mesmo tempo. Aqueles olhos me inspiravam. Conversar com ele me fazia ter mais energia para seguir meu caminho. Quanto mais caminhávamos juntos, mais eu compreendia que o meu caminho eu mesmo faço.

Ozires me explicou que pontos finais podem ser vírgulas. Que não devemos viver seguindo convicções e que a impermanência é a única certeza. Deixar espaço para o inesperado, na fé de que, de alguma forma, as coisas têm um sentido.

As vírgulas faziam com que Ozires escutasse muitos gurus e suas receitas de felicidade e sucesso, mas não o suficiente para se tornar um devoto incondicional. Dizia ele: "Transite por diversas teorias e siga diversos mentores, mas não se torne nenhum deles. Isso é viver no poder das vírgulas, deixando espaço para as continuidades."

Mas afinal, quem é Ozires?

A palavra Ozires significa "sopro do criador". Na mitologia grega, Ozires (ou Osíris) era o Deus da vida além da morte. A incrível história de Ozires não é de Ozires. Somos todos Ozires. Esta pequena narração de sua história é na verdade a minha história, a sua história, a nossa história.

Espero, de verdade, que este livro tenha servido para ampliar seus questionamentos e reflexões.

Defina você mesmo qual a vida que quer perseguir, mas não deixe de perseguir. Pessoas que desistem daquilo que para elas é importante murcham. E você deve conhecer pessoas murchas. Provavelmente não é o seu caso pois pessoas murchas não querem mais se desenvolver e refletir a vida. Preferem ficar sentadas no sofá criticando o

Não me iluda!

mundo. Essas pessoas deixam de viver. Elas apenas sobrevivem, e é muito diferente. Passam o dia esperando que chegue a hora de ir embora do trabalho. Passam a semana querendo que chegue sexta-feira. Passam o ano querendo que chegue as férias. Passam uma vida esperando que os outros lhe deem as devidas oportunidades ou que resolvam os dilemas que a vida traz para todos nós. Essas pessoas não brilham mais. Não ensinam, não aprendem, não sorriem. Não vivem, sobrevivem.

Algumas vezes, um pouco antes desse momento de estarem definitivamente murchas, essas pessoas encontram as fórmulas da felicidade e passam então a nortear suas vidas por isso. Pensam que encontraram o manual da vida e que agora estão no caminho. Mas a vida real me parece muito mais ampla, e infelizmente não existe manual.

Desejo, profundamente, que esta leitura tenha lhe provocado. Não espero que você tenha concordado com tudo, mas espero sim que minhas ideias possam ter lhe levado a refletir a sua própria jornada. Espero que meus pontos de vista, baseados somente na minha observação, tenham servido de estímulo para que possamos questionar mais os modelos à nossa volta, e que cada um possa decidir seguir aquele que melhor lhe convém.

O caminho só se faz ao caminhar e, de alguma forma, estaremos conectados. Quem sabe nesta estrada da vida a gente se cruze.

Ao caminhante, uma boa caminhada.

Um abraço.

Gabriel Carneiro Costa

A nossa liberdade tem uma profunda relação com a capacidade de aceitar a nossa vida como ela é, na sua plenitude entre o bom e o ruim. E somente a partir deste ponto questionar o próprio futuro.

Gabriel Carneiro Costa

CONHEÇA OUTRAS OBRAS DO AUTOR

O ENCANTADOR DE PESSOAS
COMO TRABALHAR SUA VIDA EM BUSCA DA FELICIDADE E REALIZAÇÃO PESSOAL.

O livro ilustra experiências reais de clientes na busca pela realização pessoal e felicidade autêntica.
Também lançado em Portugal.

ISBN 978-85-8211-045-4
208 páginas
Formato: 14x21cm

À SOMBRA DA CEREJEIRA
UM DIÁLOGO SOBRE A VERDADEIRA CEREJA DA VIDA.

"À Sombra da Cerejeira", uma história de diálogos significativos a respeito do sentido da vida.

ISBN: 978-85-82110-68-3
136 páginas
Formato: 14x21cm

PONTO ÁGAPE
UM PONTO QUE TRANSFORMA A VIDA.

"Ponto Ágape": Neste livro, o autor apresenta histórias de transformação baseadas no conceito de amor maior.

ISBN 978-85-8211-072-0
208 páginas
Formato: 14x21cm

Contatos do Autor

 www.gabrielcarneirocosta.com.br

 contato@gabrielcarneirocosta.com.br

Conheça as nossas mídias

www.twitter.com/integrare_edit
www.integrareeditora.com.br/blog
www.facebook.com/integrare
www.instagram.com/integrareeditora

www.integrareeditora.com.br